国学品悟大讲堂

GUOXUE PINWU
DAJIANGTANG

史记

中的大智慧

古为今用，一套对中国学生真正有用的人生讲义

总策划/邢涛　主编/龚勋

让青少年受益一生的心灵鸡汤

汕头大学出版社

品读经典，受益一生

还原国学真实面貌，与千年智者对话。

◉ 今天的人们在近百年内所接受的新事物比过去上千年积累的全部还要多，信息的更新速度已经超过了人们的学习速度。一些新知识、新思想还来不及仔细看上一眼就已经开始衰败，迅速成为历史的尘埃。

◉ 然而，那些在中国历史上辉煌过的传统文化却成为中华民族悠久文明的见证，成为民族的印记和符号。怎样让今天的孩子在这个一日千里、瞬息万变的信息时代里继承我们民族文化璀璨夺目的精华部分？这是留给今天的教育工作者的重大课题，也是本套丛书的初衷。

◉ 首先，不了解中华古典文化，尤其是不掌握其中的精华，将无从体会中华上下五千年一脉相承的精深大义。其次，《论语》《孟子》《庄子》《史记》《资治通鉴》《孙子兵法》《三十六计》，都是经典中的经典，每一部都能撑起一片广阔的文化天空。而在讲述方式上，娓娓道来的"品读"拂去了学术的长袍，回归经典本身，还原一个个真实亲切的智者，找寻亘古不变的真理，阅读变成一场与智慧大师的心灵对话。

◉ 就让这些映照过繁华盛世的民族文化穿越千年时空，给当今青少年受益终身的人生智慧。这就是国学的力量。

青少年发展基金会　林春雷

◉ 中华国学源远流长，千年文明积淀了"诸子百家"的思想精粹，成就了"经史子集"的文化大观，孕育了具有独特魅力的民族气质。这是我们中华子孙所能继承的最为珍贵的文化遗产。共享祖先的智慧结晶，研读中华传统国学精华，品悟经世流传的至上真理，含英咀华，对现代人尤其是青少年学生来说称得上一次精神的洗礼。

◉ 在成书过程中，编撰者在精读原典的基础上，将每部著作按照内容重点重新划分篇章，为青少年朋友提取最经典的原著精粹，奉献最精辟的解说注脚，提供最直接的生活指引，给予最贴心的心灵辅导。书中妙语如珠，处处闪现古圣先贤的大智大慧，结合现代人的生存现状，更有睿智独到的见解让人心生感慨，如沐化雨春风。读一段《论语》，领略"万世师表"诲人不倦；念一念《孟子》，体会一代亚圣的微言大义；诵一番《庄子》，品味千年圣者的才智思辨；品一出《孙子兵法》，喟叹兵家决胜千里的气度与韬略……

◉ 这套国学品悟大讲堂系列，一方面提高学生对国学经典的兴趣，了解中华优秀传统文化，更重要的是从中体会为人处世的道理和哲学，古为今用，学以致用，为自己积淀成功的人生。

国家一级语文教师 董 平

究天人之际，通古今之变，成一家之言。

◉ 《史记》是中国西汉史学家司马迁历经十多年写就的一部历史巨著，它上起传说中的黄帝时代，下至汉武帝元狩元年（公元前122年），记述了中国三千多年的历史。全书包括十二本纪、十表、八书、三十世家、七十列传，共一百三十篇，五十二万六千五百余字。它以"本纪"叙帝王，以"世家"载诸侯，以"列传"记人物，以"书"述典章制度、社会经济、天文地理等，以"表"排列大事，网罗古今，包括百代，创立了贯穿古今的通史先例，成为后世正史的典范。

◉ 《史记》记史翔实，文笔优美，蕴涵识人、辨事、明理的大智慧，但因成书年代久远，编纂方法严格，采用文言记录，令当今不少读者望而却步。鉴于此，我们从原书中精选出那些脍炙人口的故事，变文为白，编排为"成功做人篇"、"智慧做事篇"、"和谐处世篇"三部分，以期这部史学巨著能走进平常人的阅读视野中。编撰本书时，我们在"名师讲谈"部分做了深入的剖析，在"闲话人生"里引入了一些寓意深远的小故事，在"心灵捕手"里做了贴合现实生活的解读，旨在让广大读者更清晰地理解原著精粹，领悟博大精深的人生智慧！

品史家之绝唱，解无韵之《离骚》。

目录

智慧做事篇 051~104

光耀千古的《史记》给人以无穷的智慧。它启示我们，人生路上，如何进退方可畅通无阻，怎样作为方可成就未来……

和谐处世篇 | 105~149

处世是一门高深的学问，我们要在复杂多变的社会中立
足，就得明白如何处世，怎样与人和谐相处……

◉ 如何做人？如何做一个成功的人？在漫长而曲折的人生路上，要做一个成功的人，就要懂得做人的道理，比如坚强、诚信、自信、感恩、谦虚……

◉ 乌江岸边，一代英豪项羽若拥有一颗坚强的心，经受住"四面楚歌"，那便"卷土重来未可知"；徐君墓前，吴国公子季札将宝剑挂于松树之上，告诉我们什么是"一诺千金"；危急时刻，门客毛遂从众人中脱颖而出，凭"三寸不烂之舌"说服楚王订立盟约，告诉我们"成功源于自信"；淮水河边，已成王侯的韩信不忘困顿之时的"一饭之恩"，以千金送漂母，告诉我们"滴水之恩，当涌泉相报"；西汉名将卫青身处显贵，位极人臣，对上对下不带半点骄纵，告诉我们"谦虚谨慎才能成就大事"……在太史公笔下，各具神韵的历史人物呼之欲出，让我们感受到人生的喜、怒、哀、乐，领悟到深邃的做人道理。

商汤"网开三面"

—— 典出《史记·殷本纪第三》——

汤是夏朝末年商部落的首领，为人十分仁慈。一次，汤外出时，看见一个人正在树林里张开四面大网，准备捕鸟。那人将网布设好后，还向上天拜了几拜，祈祷说："凡是从四面八方来的鸟，都飞到我的网里来吧！"汤见此情景，忙走上前对那人说："你怎么可以这样赶尽杀绝呢？赶快撤掉三面网，留下一面网就可以了。"说完，汤就让那人撤掉网的三面，只留下一面。然后他也朝上天拜了几拜，祈祷说："鸟儿啊，你们愿意往左边飞走的，就从左边飞走吧！愿意从右边飞走的，就从右边飞走吧！如果不愿意飞走，那就进入我的网里吧！"汤网开三面恩及禽兽的事传开后，老百姓都称赞他宽厚仁慈。四方诸侯听说这件事后，也纷纷赞叹说："汤真是个仁德的君主，他对飞禽都如此仁慈，对百姓肯定就更加仁爱了。"于是他们都衷心拥护汤，使得汤的势力一步步扩大了。

与此同时，夏王桀施行暴政，荒淫无道，汤率领四方诸侯前去讨伐。汤说："不是我愿意叛乱，实在是因为夏桀罪大恶极，现在上天命令我去惩罚他。我畏惧上天，不敢不去。现在我决定去讨伐他，如果你们愿意跟我一起去执行上天对他的惩罚，我将大大奖赏你们，如果你们不依从誓言，我就要惩罚你们，绝不赦免。"

夏、商两军决战于鸣条（今河南封丘东，一说在山西运城境内）。鸣条一战，夏桀全军覆没，夏王朝灭亡，四方诸侯拥护汤建立了商王朝。汤吸取夏亡的教训，采用"以宽治民"的政策，赢得了广大的民心。

[**名师讲谈**]……

　　"仁"是中国古代道德思想的核心，也是中国传统的美德。春秋时期，伟大的教育家、思想家孔子提出"仁、义、礼、智、信"，"仁"处于首位，可见"仁"在中国传统文化中的地位。"仁"提倡以人为本、尊人爱人，其精华在于"爱人"。

　　爱人，是伟大人格的基本品质。我们从商汤身上可以看到这一点。商汤外出，偶然看见一人从四面布设大网，准备捕杀鸟儿。这对于一般普通老百姓来说，根本不算什么事儿，不就是捕猎吗？这样做太正常了，而且，当时的人大多以狩猎为生。可商汤见了，觉得这样做太残忍，简直是赶尽杀绝呀！于是他让那人"去其三面"，并祈祷说："欲左，左。欲右，右。不用命，乃入吾网。"至此，商汤的"仁"尽现在我们眼前。

　　商汤的"仁"不仅得到了老百姓的称赞，也得到了四方诸侯的认同和拥护，他们纷纷感叹："汤德至矣，及禽兽。"是啊，商汤对鸟儿都如此仁慈，更何况是对人呢？事实上，商汤对人确实非常仁慈。据史

料记载：商汤建立国家以后，国家遇到了大旱，官员建议商汤用人牲来占卜祈雨。商汤听后大怒说："我祭祀祈雨本来就是为了人民，怎么能牺牲人民来祈雨呢？"后来，商汤让人剪掉自己的头发和指甲来祭祀上天，祈求降雨。

其实，商汤"网开三面"时并没有想到要表现自己的仁爱，去赢得老百姓的爱戴和拥护，但就是这无心的"仁爱"之举让他赢得了广大老百姓及四方诸侯的心，以至于拥护他推翻夏桀的暴政，建立了自己的政权。所谓"爱人者，人恒爱之"大概也就是这个道理吧！

爱是双向的。一个人只有真诚地关爱别人，才能得到别人的关爱。相反，如果一个人不爱别人，又怎么能得到别人的爱呢？

[闲话人生]……

对着大山喊话的孩子　从前，有一个孩子跑到山上，无意间对山谷喊了一声："喂……"声音刚落，从四面八方传来了一阵阵"喂……"的回音。

大山答应了。孩子很惊讶，又喊了一声："你是谁？"大山也回应道："你是谁？"孩子喊："为什么不告诉我？"大山也喊："为什么不告诉我？"

孩子忍不住生气了，喊道："我恨你。"他哪里想到这一喊，引得整个世界都传来"我恨你，我恨你……"的声音。

孩子哭着跑回家，告诉了妈妈，妈妈对孩子说："孩子，你回去对大山喊'我爱你'，试试看结果会怎么样，好吗？"孩子又跑到山上，果然，这次孩子被包围在"我——爱——你，我——爱——你……"的回声中。孩子笑了。群山也笑了。

[心灵捕手]……

保持一颗仁爱之心

生活中，我们有时候总抱怨别人对我们态度冷淡，却不知道自己其实是别人的一面镜子。那时，我们就像对着大山喊话的孩子一样，不明白满山谷为什么都回应"我恨你"，原来是自己先对山谷喊了"我恨你"。所以，如果下次遇到这样的情形，我们不妨先想想自己是怎么做的，自己对别人冷漠吗？自己关爱过别人吗？

爱是维系社会的纽带。在整个社会里，人人都需要有人爱，同时也需要去爱别人。假如，我们拥有一颗"仁爱"之心，时时懂得关爱别人，那么，我们是不会感到孤独和寂寞的。因为，当一个需要帮助的人得到你的帮助时，不仅仅是他感受到了你的爱心，同时你自己也会得到他回报过来的感谢与敬意。

拥有"仁爱"之心的人是幸福的，襟怀是宽广的。拥有"仁爱"之心的人不仅仅会关爱自己的亲人，还能"老吾老以及人之老，幼吾幼以及人之幼"，关爱不相识的人。如此，社会也会相应地回馈给他们一份份关爱。

[品读经典故事] ……

项羽乌江自刎

—— 典出《史记·项羽本纪第七》 ——

公元前202年12月，楚霸王项羽兵至垓下（今安徽固镇东北）。刘邦、韩信、彭越的大军把楚军团团围住。为消磨楚军斗志，入夜，刘邦派人在楚军大营外唱起楚歌。楚军听到乡音，无不思归，不愿再战。项羽听了，吃惊地说道："难道汉军已经把楚国占领了吗？为什么汉军中有这么多的楚国人呢？"他越想越心烦意乱，久久无法入睡，便披衣起身，和美人虞姬在帐中饮酒解闷。他一会儿望着跟他形影不离的虞姬，一会儿抚摸着跟他南征北战的千里马，内心更加激动，情绪更为悲凉。于是，他情不自禁地唱道："力拔山兮气盖世，时不利兮骓不逝。骓不逝兮可奈何，虞兮虞兮奈若何！"项羽一连唱了几遍，虞姬也跟着唱起来。项羽流下眼泪，左右随从也都埋头哭泣。

半夜时分，项羽跨上战马，率领八百多名壮士组成的骑兵队，趁着夜色向南突围。天快亮的时候，汉军才发觉，汉王刘邦命令骑兵将领灌婴率兵火速追击。项羽渡过淮河，跟着他的骑兵只剩下了百余人。项王率军到达东城时，身边只剩下二十八个骑兵了。而汉军追击的骑兵有几千人。最后，项王来到乌江边，乌江亭长早已在江边停船等候，他对项羽说："江东地方虽小，但也方圆千里，民众有数十万，足以称君王。希望大王火速渡江。"项王笑道："上天要亡我，我为什么还要渡江呢！况且我带着八千江东子弟渡江西进，如今却没有一个人能够返回，即使江东父老兄弟怜爱我而拥立我为王，我又有什么面目再见他们呢？"不久，项羽挥剑自刎而死。

[名师讲谈]……

　　"力拔山兮气盖世，时不利兮骓不逝。骓不逝兮可奈何，虞兮虞兮奈若何！"每次读到这几句诗，我们便会情不自禁地为一代英豪项羽扼腕叹息：曾经咤叱风云、所向披靡的盖世英雄项羽怎么仅仅在历史舞台上只活跃了短短八个春秋，便会走上末路呢？真的是上天要亡他，要赶尽杀绝？正如北宋王安石写的那样："百战疲劳壮士哀，中原一败势难回。江东子弟今虽在，肯与君王卷土来？"其实，项羽的悲剧是"注定"的。

　　古代两军对垒，战争的胜负不仅取决于两方的军事实力，更多的是看双方将帅的心理素质，而个人意志是个人心理素质的重要组成部分。所以说，项羽这一战更多的是输在了意志力上。如果项羽具有坚强的意志，能够坦然面对挫折与失败，他是不会在这时选择走上末路的。虽然项羽当时遭遇了四面楚歌，但这只是暂时的，因为他完全有机会东山再起，卷土重来。面对乌江亭长的苦劝，项羽拒绝了，他认为自己带着八千江东子弟渡江西进，如今将士死的死、伤的伤，他没有脸面再见江东父老，没有脸面存活下去。于是他自刎而死。

　　唐代诗人杜牧在《题乌江亭》中写道："胜败兵家事不期，包羞忍辱是男儿。江东子弟多才俊，卷土重来未可知。"杜牧以兵家的眼光，慨叹成败其实不由天而由人，强调将帅必须要有远见卓识和百折不挠的意志。

纵观古今历史，哪一个成功人士、哪一个盖世英雄没有经历过大大小小的挫折与失败呢？哪个成功人士不具有百折不挠的意志？和项羽遭遇"四面楚歌"一样，刘邦遭遇了"鸿门宴"，可刘邦没有放弃自己，最后，他不顾及自己的脸面偷偷从小路逃走，而后成就了一代霸业。战国时期，伟大的军事家孙膑被庞涓残害以后，装疯卖傻以保全自己，全凭坚强的意志。

有人说得好："成功，就是紧握失败的手，然后百折不挠地坚持下去。"

[**闲话人生**]……

成功的秘诀　一天，一个年轻人走到一位智者面前，恭敬地说："请问，怎样才能取得成功呢？"

智者笑了笑，递给年轻人一颗花生："它有什么特点？"

年轻人愕然。

"用力捏捏它。"智者说。

年轻人用力一捏，捏碎了花生壳，可花生仁却完好无损。

"再搓搓它。"智者说。

年轻人照着智者的话，搓了搓花生仁。只见它红色的种皮被搓掉了，只留下白白的种子。

"再用手捏捏它。"智者说。

年轻人捏了捏，但无法将它捏碎。

"再用手搓搓看。"智者说。

年轻人搓了搓，当然，什么也没搓下来。

"虽然屡受打击，却拥有一颗坚强的百折不挠的心。这就是成功的秘诀。"智者说。

[**心灵捕手**]……

拥有一颗坚强的心

智者的话值得我们细细体味。想想，事实难道不是这样的吗？在前进的路上，只要拥有了百折不挠的意志，还怕不能成功么？就拿项羽来说，如果他肯放下脸面暂时回到江东，累积一定的实力后东山再起，是完全可行的呀！可惜的是，他偏偏把这次挫折看做是"上天要亡他"，从而选择走上了绝路。

在我们的人生当中，也会遇到挫折、失败，也会陷入困境。但真正能把自己救出困境的，往往只有自己，所以无论如何，我们要拥有一颗坚强的心、一个坚强的意志。遇到困难和挫折，不要一味地诅咒、埋怨。成功是无法靠诅咒、埋怨取得的，而只能凭借我们的努力行动来争取。无谓的诅咒、埋怨只能反映出我们面对困难和挫折时的手足无措和恐惧慌张。所以，无须为挫折心惊胆战，无须为失败手足无措，不妨把每一次挫折当做是人生道路上的练习，胸怀再博大些，意志再坚强些。面对的多了，经历的多了，我们也就能坦然面对人生的风风雨雨，走好路上的每一步。

正如哲人所说，生活就像海洋，只有意志坚强的人，才能到达彼岸。🔲

季札挂剑

———— 典出《史记·吴太伯世家第一》 ————

季札是春秋时期吴国国君的小儿子，他博学多才，品行高尚。

一次，季札奉国君之命出使各诸侯国，中途经过徐国，受到徐国国君的热情接待。两人谈古论今，意气相投。几天后，季札要离开徐国继续赶路，徐国国君设宴为季札送行。宴席上不但有美酒佳肴，而且还有动听的音乐。酒喝到高兴时，季札起身，抽出佩剑，一边唱歌一边舞剑。

季札的佩剑古雅而庄重，剑鞘精美，剑锋犀利。徐国国君禁不住连声称赞："好剑！好剑！"季札看得出徐国国君非常喜欢这把宝剑，便想将剑送给他。可这是他作为吴国使节的信物，他到各诸侯国去必须带着它。现在自己的任务还没有完成，怎么能把剑送给别人呢？徐国国君尽管十分喜欢这把宝剑，却始终没说，因为他不想让季札为难。季札对徐国国君的体谅非常感激，于是在心里许下诺言：出使列国归来，一定要将这把宝剑送给徐国国君。

几个月后，季札完成使命，来到徐国。然而，徐国国君已经死去。季札来徐国国君的墓前，说道："徐君，我知道你喜欢这把宝剑，现在我的任务完成了，可以将这把剑送给你了。"说完，季札解下佩剑，挂在了墓前的松树上。季札的随从不解地问："公子，徐国国君已经去世了，你把剑送给他，他也看不到，这么做有什么用呢？"季札说："在离开徐国之前，我已经在心里许诺，要将这把剑送给他，现在怎么能因为他死了就违背我的誓言呢？"

[**名师讲谈**]······

　　"季札挂剑"的故事在中国流传已久，我们不仅可以在诸多古籍如《史记》、《汉书》、《越绝书》、《吴越春秋》等书中读到它，还可以在一些古代墓室画像石或古代棋盘等物品上看到有关它的绘画。中国历代诗文作品中，也时见"季札挂剑"的典故。

　　"季札挂剑"向我们演绎了什么是重信守诺，什么是诚信。季札见徐国国君喜欢自己的佩剑，便默默在心里许下诺言，等完成任务后将佩剑送给徐国国君。既然是心里默许的，并未告诉别人，现在人已经去世了，不送此剑，也不会受到指责。可是季札却是非常守信的人，他认为既然自己已经决定要将此剑送人，那么就一定要履行自己心中的诺言，即使对方已死。

　　千百年来，季札的诚信举动被人世代传颂。唐代诗人李白在《陈情赠友人》中，对其大加赞赏："延陵有宝剑，价重千黄金。观风历上国，暗许故人深。归来挂坟松，万古知其心。"清朝学者严可均在《全晋文》中称道季札："仁和阳春之德，志邈秋云之高，凝雪不足拟其洁，南金无以喻其贞……自古皆有让，未若君之高者也……解剑徐君之墓，亮至信于不言……"

不论是李白的诗还是严可均的文，都是在赞扬季札的诚信品质。诚信是一个人为人处世的根本，因为它"价重千黄金"，是无价之宝。《论语》也说："人而无信，不知其可也。"意思是，诚信是至高无上的，一个不讲信用的人怎么可以立身处世呢？

中国历史上有许多有关诚信的故事。如三国时候的关羽，他与兄长刘备失散以后，曾与曹操立下誓言："只要知道兄长刘备的消息，必定归附兄长。"后来，备受曹操赏识的关羽得知刘备的消息后，过五关斩六将，终于回到了刘备身边；商鞅立木，讲究诚信，让变法取得了巨大的成功；周幽王烽火戏诸侯，不讲诚信，自食恶果。

诚信既是立身之本，又是为人处世之道。只有讲诚信的人，才能在社会上立足，才能得到个人的发展。

[闲话人生] ……

喜玛拉雅少年 在喜玛拉雅山南麓的一个小村子里，有个名叫西纳的少年。为了生存，小小年纪的他只能靠给来这旅游探险的人带路、跑腿买东西来挣钱养活自己。一天，村子里来了几个日本摄影师，他们听说西纳愿意替人跑腿，就给了他好些钱，让他帮忙去镇上买些啤酒。西纳接过钱，飞快地跑了。直到晚上，他也没有回来。摄影师们议论纷纷，认为西纳把钱骗走了。他们只好又找人买了些东西。第二天一大早，满身尘土的西纳突然出现在了摄影师面前。原来昨天西纳赶到镇上时，镇上的啤酒卖完了。西纳就又翻过了一座山，到另外一个镇上去买。可返回时，由于天黑路滑，他摔碎了啤酒瓶。于是，他连夜回到家里，拿出自己攒的零用钱，又摸黑返回了小镇，买好了啤酒送了过来。看着西纳满脸的汗水，摄影师们深受感动。后来，到这儿旅游的游客就越来越多了……

[**心灵捕手**]……

人无信不立

古人云："宁可穷而有志，不可富而无信。"法国文学大师罗曼·罗兰也说过："人生的航向永远可以用诚信来把握，有了诚信，你的小船才不会被金钱和荣誉的大船吞没。"如果故事里的少年西纳拿走日本摄影师的钱，扬长而去，结果会怎样呢？恐怕光顾他们的村子的人只会越来越少吧！这就是诚信的力量。

漫漫人生路上，谁不想实现人生价值？谁不想名彪青史？那么，成功的关键是什么？是智慧吗？是金钱吗……答案是诚信，诚信才是成功的关键。人无信不立，诚信不仅是优良的道德传统，而且是我们每个现代人必须具有的道德品质。一个诚实的人才能赢得他人的尊重与信赖；一个守信的人才能结交很多朋友；一个诚信的人才能提高办事效率，获得更多发展机遇，开拓更广阔的发展空间。🔲

崔杼弑君

—— 典出《史记·齐太公世家第二》 ——

　　春秋时期的齐庄公是个好色之徒，喜欢四处拈花惹草。齐国大夫棠公的妻子很美，棠公死后，大夫崔杼娶了她。庄公看上了她，便多次去崔杼家里与她约会。不仅如此，庄公还把崔杼的帽子赏给别人。对于庄公的羞辱，崔杼恼羞成怒，打算刺杀庄公，但一直没有机会。后来，他得知曾被庄公鞭打过的宦官贾举也想报复庄公，于是就拉拢贾举监视庄公的行踪。

　　一次，崔杼谎称有病，没有去上朝。庄公借着探病的理由去看望崔杼，其实是想去找崔杼的妻子。见庄公来了，崔杼的妻子急忙躲进屋里，并关上屋门不出来。这时，贾举将庄公的侍从拦在庭院外，并关上院门。崔杼的家丁拿起兵器一拥而上，将庄公打死了。齐庄公死后，崔杼把持了齐国的大权。齐国的太史伯按照史实，写道："夏五月，崔杼弑君。"崔杼让太史伯改过来，就写"庄公是病死的"。太史伯反驳他说："历史是不能胡编乱造的，按照事实写历史，是太史的本分。"崔杼一怒之下把太史伯杀了。

　　按照当时的习惯，兄死弟及，太史伯死了之后，弟弟太史仲接替了他的职位。太史仲依然照实记载"崔杼弑其君"。崔杼又惊又气地说："天下竟有这样不怕死的人，你不知道你哥哥被杀了吗？"太史仲说："太史只怕写的历史不真实，不怕杀头。"崔杼又把太史仲杀了。太史仲之弟太史叔来了，他依然如故地写道："夏五月，崔杼弑君。"最后，崔杼只得妥协："我是为了保全国家社稷，没办法才担起了这份罪名，后人是会理解我的。"说完，他就让太史叔回去了。

[**名师讲谈**] ······

"齐太史简，直书'崔杼弑君'"是我国几千年来传为美谈的故事，也是古代史官"秉笔直书"的先驱。即使我们今天来看这则故事，仍然不免感慨万千。

在那个强权社会里，太史伯不惧强权，坚持秉笔直书，最终被杀害了；紧接着，他的弟弟太史仲在知道自己很可能会和兄长一样走上不归路的情况下，依然"不虚美、不隐恶"，坚持真实地记录历史，实在令人赞叹。可更值得赞叹的是，整整一家三位史官，兄弟相继被杀了两位，而他们的后继者小弟太史叔，依然不畏强权，照旧"直书"历史。

为了维护历史的真实，齐国的太史们就这样一个接一个地视死如归，他们坚守自己的立场，正直无私地履行职责，让今天的我们能够真实地了解历史，让我们坚信邪不压正，实在令人敬佩！元代文学家文天祥在其《正气歌》里赞叹道："时穷节乃见，一一垂丹青。在齐太史简······"

像这样刚直不阿、秉笔直书的还有春秋战国时期的太史董狐。公元前607年，晋卿赵盾几次劝谏昏庸的灵公。灵公不但不听，反而欲

置赵盾于死地。灵公派武士暗杀赵盾未遂之后，又埋伏武士于宫中，召赵盾赴宴。赵盾在义士提弥明的保护下幸免于死，而后慌忙出逃。赵盾未出国境，灵公族弟赵穿见灵公如此昏庸，便发动政变，攻杀灵公于桃园（今山西闻喜）。得知消息后，赵盾返回晋都。太史董狐在史册上记下了"赵盾弑其君"，并示之群臣。此时，赵盾因劝谏灵公有功，成为晋国重臣，权倾一时。赵盾鸣屈道："我并未杀国君。"董狐说："你是正卿，逃亡没有出境，国君被杀了，你回来后又并未法办弑君的人，当然就等于是你杀死了国君。"赵盾说："可以改吗？"董狐说："是是非非，号为信史。我头可断，这竹简不能改。"针对此事，孔子称赞说："董狐，古之良史也，书法不隐。"

秉笔直书的太史们不仅为自己赢得了名扬千古的赞誉，而且为后人树立了正直无私的榜样。

[闲话人生]……

第12块纱布　有个刚从护士学校毕业的学生在一家大医院实习。实习期将要结束，如果能让院方满意，她就可以正式在这家大医院工作，否则就得离开。当然，她很希望自己能留下来。

一次，医院里接收了一个生命垂危的病人。这位实习护士被安排做外科手术专家——该院院长的助手。复杂的手术从清晨进行到黄昏，眼看病人的伤口即将缝合，这位实习护士突然严肃地盯着院长说："院长，我们用的是12块纱布，可是你只取出了11块。"

院长没有理睬她的话，命令道："听我的，准备缝合！"

这位实习护士毫不示弱，她几乎大声叫起来："你是医生，你不能这样做！"

直到这时，院长冷漠的脸上才浮现欣慰的笑容，他举起左手心里握着的第12块纱布，向在场的人宣布："她是我最合格的助手。"

[心灵捕手] ……

正直没有替代品

就像齐太史一样，这位刚从护士学校毕业的学生也具有正直的美德。因此，她得到了院长的认可，获得了自己喜欢的工作。

正直是我们立身处世的基本。成语"刚直不阿"就是赞扬正直的，俗语"身正不怕影子斜"也是赞扬正直的……一个正直的人，严格要求自己，不谋私，不贪利；一个正直的人，凡事秉公处理，不徇私舞弊，不阿谀奉承。他们能心胸坦荡荡，不怕旁人说是非。我国历史上曾经涌现出了许多可歌可泣的正直人物，屈原、包拯、海瑞、闻一多……他们在国人心中留下了光辉的形象，成了人们学习的榜样。

正直的人拥有坚强的信念，这个信念支撑他们去坚持那些正确的东西，反对错误的东西；正直的人做事有原则，他们永远坚持自己的立场，不随波逐流，更不会趋炎附势。俄国作家克鲁泡特金说："如果没有正直，没有同情和互助，人类必会灭亡，就像以强夺为生活的二三种动物，和蓄奴的蚁族的灭亡一样。"

周公握发吐哺

—————— 典出《史记·鲁周公世家第三》 ——————

周公，名旦，是周文王的儿子，周武王的弟弟，本姓姬，因为他的采邑在周那个地方，所以人称周公。周公在很小的时候，就因为孝顺、谦让、仁爱而受到了人们的称赞。成年以后，周公在协助武王伐纣的过程中发挥了很大的作用。

武王在分封诸侯的时候，把周公封到了鲁地（今山东曲阜），是为鲁公。当时国家初定，周公仍需留在都城辅佐武王，他便打发儿子伯禽到鲁地去代理他的职务。伯禽动身之前，周公反复教育他说："我是文王的儿子、武王的弟弟，这样的身份和地位不能说卑贱吧，但我还是小心谨慎。一次，我在洗头发时，因为外面来人有急事相报，我就握着湿淋淋的头发先去处理急需办理的事情。洗了一半，事又来了，我又握着湿淋淋的头发出去了。就这样，我一共出去了三次。还有一次吃饭时，我刚把一块肉放进嘴里，外面有客人来访。我马上把肉吐出来，起身去接待客人。一顿饭的工夫，来了三位客人，我就连吐了三次饭菜。我这样尽心地接待天下的贤德人才，还怕他们不肯为国家尽力。你到了鲁国，千万不要自高自大。"伯禽表示永远记住父亲的教导。

周王朝建立的第二年，武王去世了。继位的成王年纪很小，不能处理国家大事。周公担心被周征服的诸侯国和商的遗族会趁机叛乱，便挑起主持国家社稷的重担，尽心辅佐成王。周公一共辅佐成王七年。七年后，也就是周成王满二十岁时，周公把国家政权交还给了他。

[名师讲谈]······

　　"周公握发吐哺"的故事在中国流传已久，诸多古籍，如《史记》、《吕氏春秋》、《淮南子》多有记载。周公是我国古代杰出的政治家、思想家，他的为国忘私、"明德慎刑"的崇高思想和身体力行的实干精神，几千年来一直为后人所景仰。后人评价他"制大礼作大乐并戡大乱大德大名垂宇宙，训多士诰多方兼膺多福多才多艺贯古今"。

　　为了治理好国家，周公想尽一切办法招贤纳士。为了接待贤能的人，周公忙得不可开交，以至于"一沐三捉发，一饭三吐哺"。西周王朝的建立、发展、巩固直至强大，他都做出了巨大的贡献。为了维护西周王朝的统治，周公制定和推广了一系列典章制度，他制礼作乐、设官分职、选贤任能、实行六艺之教……孔子称颂周公"载己行化而天下顺之，其诚至矣"。三国时的豪杰曹操在《短歌行》中赞叹："周公吐哺，天下归心。"其子曹植也有"周公下白屋，吐哺不及餐，一沐三握发，后世称圣贤"的诗句。其实，周公"握发"也好，"吐哺"也好，都体现了做人做事的态度问题。你对事情采取什么样的态度、付出了多少，就会有什么样的结果。周公"握发吐哺"，拥有"求贤若渴"的态度，所以"天下归心"。

同样的道理，秦朝末年，刘邦和项羽前后一起挺进秦王的统治中心——咸阳。刘邦重视人心向背，与当地老百姓约法三章，赢得了广大民心，为进一步夺取天下打下了坚实的基础；而项羽对老百姓不管不顾，结果失去了广大老百姓的拥护和信任，结果遭遇"四面楚歌"。所谓"得民心者得天下"，其实讲的就是对待老百姓的态度问题。你对老百姓态度好，关心他们的生死，你就能得到他们的拥护，进而得到天下；你对老百姓态度不好，不关心他们是死是活，当然也就得不到他们的支持，最终将失去天下。

其实，良好的态度不仅是取得天下、成就大事的必然要求，也是切切实实做好每一件事的必要条件。

[闲话人生] ……

从一面墙说起　三个工人正在砌一面墙。有人问其中一个工人："你在干什么？"

这个工人爱理不理地说："没看见吗？我在砌墙。"

于是他转身问第二个工人："你在干什么？"

第二个工人抬头看了他一眼，一本正经地说："我在盖一幢楼房。"

这个人又问第三个工人："你在做什么？"

第三个工人哼着小曲儿，欢快而又自信地说："我在建一座美丽的城市。"

数年后，第一个工人在另一个工地上砌墙，他还是工人；第二个工人坐在办公室里画图纸，他成了工程师；第三个工人呢，成了一家房地产公司的总裁，是前两个人的老板。

[**心灵捕手**]……

态度决定高度

同样的砌墙工作，第一个工人觉得简单乏味，心情是郁闷的，所以回答别人问题时也是满腹怨气；第二个工人把砌这堵墙当做建筑整栋楼房的一部分，心里想的是如何将这栋楼房建好，所以心态比第一个工人要好得多；第三个工人的心态最好，工作那么辛苦，他还那么欢快，那么自信，更难得的是，他还把砌墙这样的小事当做"建设美丽的城市"这样一项伟大的事业来对待。所以，几年以后，这个工人成为老板也就不足为奇了。

美国大演说家罗曼·文森特·皮尔说："态度决定一切。"也有哲人说："态度决定高度。"事实确实是这样：一个人有着什么样的态度，就会有什么样的追求和目标。具有积极、乐观心态的人，其人生目标必然高远。有了高远的目标后，他也必然会为之努力。而有努力当然也就有回报。说个简单的道理，在课堂上，有的人喜欢数学，有的人讨厌数学，结果，喜欢数学的人数学成绩好，讨厌数学的人数学成绩不好。这其中最主要的因素就是态度。这也是为什么"态度决定一切"能成全世界流行语的原因。

[品读经典故事] ……

重耳返都

—— 典出《史记·晋世家第九》——

　　晋献公晚年宠爱骊姬，为了让骊姬的儿子奚齐继承君位，他逼死了太子申生，其另外两个儿子重耳、夷吾也被迫出逃。重耳逃到翟国。五年之后，晋献公去世，大臣里克杀死了奚齐，派人来迎接重耳，想立他为晋国国君。重耳害怕召来杀身之祸，没有立即回国。不久，重耳的弟弟夷吾回到了晋国，成了国君，即为晋惠公。

　　后来，惠公担心重耳回国抢他的王位，就派人去翟国刺杀他。重耳得知这个消息后，对其随从赵衰等人说："我逃到翟国，并不是觉得翟国有能力帮我继承王位，只不过是因为它离晋国最近，所以暂时来歇脚。现在，我们歇了这么久，应该迁往大国去。听说齐桓公爱做善事，有志于称霸，愿意收留各国逃亡的诸侯，我们为什么不去投靠他呢？"不久，重耳来到齐国，受到了齐桓公的友好接待。

　　不过，重耳在齐国生活五年后，在随从的劝说下又来到曹国。在受到曹共公的无礼对待后，他又离开曹国，来到宋国。宋襄公听说重耳的贤能后，就用接待国君的礼节来迎接重耳。宋国的司马公孙固和重耳的随从咎犯关系很好，公孙固对咎犯说："宋是小国，没有足够的力量护送你们回国，你们还是到大国去吧！"最后，重耳来到了秦国。晋惠公死后，秦穆公派兵护送重耳回国即位，是为晋文公。

　　晋文公对内整顿政治，广施恩惠，受到了百姓的拥护；对外扩展疆土，与楚国在城濮进行决战，大获全胜，成了诸侯霸主。

[**名师讲谈**]······

　　古圣先贤孟子曰："天将降大任于斯人也，必先苦其心志，劳其筋骨，饿其体肤，空乏其身，行拂乱其所为，所以动心忍性，曾益其所不能。"晋公子重耳的流亡经历正好可作为孟子这番话的明证。

　　晋国公子重耳受到迫害，不得已流亡国外十九年，经历重重困难，从一个养尊处优的贵族公子逐渐成长为稳重机智的政治家。当他流亡到最后一站——秦国时，得到秦穆公的帮助，终于回国并登上国君的位置。流亡中屈辱、困苦的体验，使重耳在身、心两方面受到了磨练。回国后，他施行"通商宽衣"、"明贤良"、"赏功劳"等政策，整顿内政，发展农业、手工业，加强军队，终于使晋国成为春秋时期的一大强国。《左传》中"文公历游诸国，备尝'险阻艰难'，故返国后，知'励精图治'以求霸"说的正是这件事。

　　从外出逃亡到成为霸主，我们可以慨叹命运沧海桑田般的巨变，也可以慨叹当时风云变幻的局势……但把握这变幻命运和局势的却是重耳本人。我们不妨设想，在十九年的流亡过程中，如果重耳没有了

雄心，放弃了信念，他还能顺利回到晋国
当上国君吗？当然是不可能的。

　　像重耳这样，遭遇困境但不忘信念的
光辉人物还有很多，汉代的苏武就是其中一
个。公元前100年，苏武奉汉武帝之命出使匈
奴，后被匈奴扣押。匈奴单于采用各种手段，
软硬兼施威逼苏武投降。然而，苏武在刀剑下
昂首不动，在甜言蜜语中侧耳不应。他对前来
劝降的匈奴官吏说："我早就下定决心以死报国。"不管匈奴人如何
折磨他，他都没有低下那颗高贵的头。匈奴首领单于最后无计可施，
只好把他赶到荒无人烟的"北海"，与羊群为伴。苏武被扣押了十九
年。在这十九年里，他含辛茹苦，受尽折磨，但他宁死不屈，最后凭
着坚定的信念，终于回到了祖国。"苏武牧羊"的故事流传千古，苏
武也以不辱使命而闻名后世。

　　因为有坚定的信念，所以，即使历经千险，重耳最终还是重回
国都；因为有坚定的信念，所以，即使遭遇万难，苏武最终也重返故
国。信念好比路标，能指引我们前进的方向；信念如同明灯，能照亮
我们期盼的心灵。

[闲话人生]……

决不、决不、决不放弃！ 1948年，牛津大学举办了一个主题为"成功秘
诀"的讲座，主讲人是英国首相丘吉尔。

　　演讲的那一天，会场上人山人海，世界各大新闻媒体全都到齐了。

丘吉尔走进会场，用手势止住大家雷动的掌声，说："我的成功秘诀有三个：第一个是，决不放弃；第二个是，决不、决不放弃；第三个是，决不、决不、决不放弃！我的演讲结束了。"

说完，他就走下了讲台。

会场上沉寂一分钟后，突然爆发出热烈的掌声，那掌声经久不息。

[心灵捕手]……

决不放弃

丘吉尔所谓的成功秘诀——"决不、决不、决不放弃"，其实说的是信念的问题。晋公子重耳流亡国外十九年，依然不改初衷，最终实现了自己的理想。

如果有人对你说，你将来就会成为州长，因为你的小拇指比一般人长，你会相信么？多半你会嗤之以鼻吧！但，罗杰·罗尔斯，纽约第五十三任州长，也是纽约历史上第一位黑人州长，他就是凭借对这样一个善意的谎言的"相信"，从一个充满暴力的贫民窟，走向了美国政坛。在他的就职演说中，有这么一段话。他说："信念值多少钱？信念是不值钱的，它有时甚至是一个善意的欺骗，然而你一旦坚持下去，它就会迅速升值。"

信念是一种耐力，是一种对自身的绝对肯定。一个有信念的人，也许和大家一样平凡，也许正遭遇着常人难以忍受的磨难，但他身上一定闪耀着感人的光彩，总有一天……那是奇迹的预言。🔖

苏秦衣锦还乡

—— 典出《史记·苏秦列传第九》 ——

苏秦,东周洛阳人,出身寒门,年少即胸怀大志,跟鬼谷子学习纵横捭阖之术。学成之后,苏秦在外游历几年后,十分困窘地回到了家里。他的兄嫂及妻子都私下里笑话他,说:"国人的习俗,向来是经营产业,从事工商,以谋取微薄的利润为目标。现在他放弃该做的事而凭借口舌混饭吃,遇到困难,那不是活该吗?"苏秦听到这些话,惭愧极了,于是闭门不出,拿出所藏之书,再次发愤阅读。读了一年,他从书中领悟了许多揣摩国君心意的诀窍,说道:"凭借这些知识,我可以去游说当今世上的国君了。"他先去游说周显王,结果遭到了失败。随后,苏秦又游说秦王和赵王,均没有成功。公元前334年,苏秦来到燕国,受到燕文侯的礼遇。他给燕文侯分析了当前的形势:当今世上,秦国的实力最强,时有吞并六国的野心。燕国之所以没有遭受侵犯,是因为赵国挡在燕国的前面做了屏障。燕国要想永保太平,只有与赵国交好,联合中原各国共同抵抗秦国。燕文侯赞同苏秦的见解,便派苏秦合纵赵、韩、魏、齐、楚五国。于是,苏秦来到赵国,向赵肃侯说明合纵之计的好处。赵肃侯表示同意,马上拜他为相国,给他大量的财物,请他联合其他四国。最后,苏秦凭借自己出色的口才和智慧很圆满地完成了任务。公元前333年,六国在赵国洹水(今河南境内)开会,各国国君歃血为盟,封苏秦为"从约长",挂六国相印,掌管联盟之事。苏秦挂着六国相印荣归故里,乡亲及家人诚惶诚恐,殷勤对待,苏秦感慨万千。

[名师讲谈]······

苏秦在中国历史上一直是争议不休的人物，毁之者认为他"内不足使一民，外不足使拒难"，《吕氏春秋》更是把他比做桀、纣时的亡国奸臣羊卒、恶来；誉之者又把他与西周先贤伊尹、姜子牙并举。然"逝者如斯夫"，是非公道，自在人心。

苏秦从小胸怀大志，当大多数人还仅仅谋求温饱时，他已经对其人生做了长远的规划，他不甘心老死于蓬蒿之间，而要实现自己的鸿鹄之志。当他在鬼谷子那里学到纵横捭阖之术后，游历各国，希望用自己的所学去实现人生价值，然几年过去未能达成所愿，他不得不穷困潦倒地回到家乡。结果，"兄弟嫂妹妻妾皆窃笑之"。亲人的冷眼相待，非但没有消磨苏秦的鸿鹄之志，反而使之发奋苦读，进一步充实自己。在那期间，苏秦"头悬梁，锥刺股"，终于学有所得，构想出"合纵"策略，为当时受秦国威胁的燕、赵、韩、魏、齐、楚六国开启了一扇希望之门。

"知其不可而为之"，"屡战屡败，屡败屡战"，是对苏秦最好的形容。苏秦埋头苦读一年后，再次出发游说各国，以期大展宏图。

这一次可以说是出师不利，他在周显王那里"大困而归"，在秦惠王那里遭受挫折，在赵肃侯和赵奉阳君那里也没成功。然而他却并未因此放弃自己的志向和追求，终于在燕文侯那里初见成效，最终"挂六国相印"，"天下莫之能抗"，成为当时最显赫的谋略家。

像苏秦这样"屡败屡战，敢于挑战"的例子在历史上比比皆是。战国时代的范雎即是其中一例。范雎本是魏国大夫须贾的门客。一次，须贾奉命出使齐国，范雎作为随从前往。到了齐国，齐襄王迟迟不接见须贾，却很仰慕范雎的辩才，并赏给他黄金和美酒。齐襄王的厚待使得须贾对范雎起了疑心，须贾打断了范雎的肋骨。后来，范雎设法逃出魏国，改换姓名，辗转到了秦国，当了秦国的宰相。

苏秦也好，范雎也好，在有起有落的人生大浪中，只要敢奋战到底，"屡败屡战"，就一定能迎来希望之光。

[**闲话人生**]······

蚂蚁的启示　从前，有个国王率领部下与敌国军队打仗。结果，他被打得落花流水，不得已躲进了一间茅屋里。

当他万念俱灰地躺在柴草堆上的时候，发现墙角有一只蚂蚁正背着一颗比它身体大数倍的麦粒奋勇地往墙上爬，但却一再地摔了下来。让他惊奇的是，蚂蚁每次摔下后不久又接着向上爬。他自言自语道："我被打败了六次，就已经放弃战斗了。这只蚂蚁会试几次呢？"

一次又一次地，蚂蚁仍然在努力。国王默默地数着蚂蚁掉下来又爬上去的次数。在第七次时，蚂蚁终于爬上了墙头。国王看着成功的蚂蚁，精神大为振奋，他决意重新召集一支军队，从敌国手里夺过失去的国土。经过精心地准备，他终于打了一次胜仗，把敌人赶出了自己的国家。

[心灵捕手]······

迎向挑战

人生如同海浪一样，有起有落。人生的际遇变化多端，起伏难免，有惊涛骇浪，也有险滩激流。面对汹涌而来的海浪，你会怎么做呢？是逃避还是奋起？战国时代的苏秦给我们树立了一个好榜样。

当排山倒海的海浪袭来时，有的人垂头丧气，希望找一个地方躲起来；有的人整装待发，愿意迎接挑战。其实，面对汹涌的海浪，我们根本就无处可逃，只能踏浪而上，否则就会被海浪所吞没。同样的道理，在茫茫人海里，我们要想拥有一席之地，也必须奋力抗争，敢于乘风破浪。

拿破仑·希尔说："我们要向自己挑战。每一次你做一件事，尽你所能做得比你自己上一次的表现更好、更快。你要向怯弱挑战，变怯弱为无畏；要向不幸挑战，变不幸为幸运；你要向失败挑战，变失败为成功；你要向贫穷的处境挑战，变贫穷为富有；你要向一切不满意的事物挑战，改变自己的命运，改变自己的世界。"

毛遂自荐

—— 典出《史记·平原君虞卿列传第十六》 ——

公元前257年，秦军围困赵国都城邯郸。为解邯郸之围，赵王派平原君赵胜去联合楚国抵抗秦国。平原君召集门客，打算从中挑选出二十个有勇有谋的人一同前去。平原君挑来挑去，只找到十九个合适的人选，剩下的一个怎么也找不出来了。

这时，门客中有个名叫毛遂的人走上前来，对平原君说道："我听说先生将要到楚国去签订'合纵'盟约，要在我们当中找二十人一同前往，现在还少一个人，希望先生就让我凑足人数出发吧！"平原君说："先生到我门下有几年了？"毛遂说："到现在有三年了。"平原君说："贤能的士人在这世上，好比锥子处在囊中，它的尖梢立即就要显现出来。现在，先生处在我们下已经三年了，我身边的人对你没有称道的话，我也没有听到这样的话，说明先生没有什么可称道的地方。所以还是请先生留下！"毛遂说："我不过今天才请求进到囊中罢了。如果我早就处在囊中的话，我就会像禾穗的尖芒那样，整个锋芒都会显露出来，不单单是尖梢露出来而已。"平原君听了毛遂的话，答应了他的请求。

到了楚国，平原君跟楚王在朝堂上商谈合纵抗秦的事。毛遂和其他十九个门客都在台阶下等着。从早晨谈起，一直谈到中午，可是楚王说什么也不同意出兵抗秦。其他门客都等得不耐烦了，可又不知道怎么办。只见毛遂拿着宝剑，登上台阶，陈其利害，一席话说得楚王心悦诚服，答应马上出兵。回赵国后，平原君将毛遂视为上宾。

[名师讲谈] ······

"毛遂自荐"的故事在中国传诵千古，唐朝诗人周昙有诗云："不识囊中颖脱锥，功成方信有英奇。平原门下三千客，得力何曾是素知。"

毛遂是战国时期赵国平原君（赵胜）众多门客中的一员，居平原君门下三年未得展露锋芒。公元前257年，也就是赵孝成王九年，正值秦国派兵围困赵国都城邯郸之际，赵国平原君奉命前去楚国订立"合纵"盟约。临行前，毛遂自荐跟随平原君出使楚国，并凭借出色的智慧与勇气促成楚赵合纵，声威大振。事后，平原君称赞毛遂"三寸之舌，强于百万之师"，将毛遂奉为上宾。

综观毛遂的所说所为，真的很了不起。毛遂自荐时，说道"今少一人，愿君即以遂备员而行矣"，意思是说我（毛遂）甘当凑人数的，结果受到平原君所说的"是先生无所有也"的挖苦、讽刺。但毛遂并没有放弃推荐自己，结果，他借用平原君的隐喻为自己获得了机会。宋人徐钧写诗称颂："一立谈间定合从，真能脱颖出囊中。当时若顾呈身耻，馀子纷纷亦冈功。"

在中国历史上，自毛遂开始，"自荐"的能人真不少！晋文学家左思经过十年的努力写成《三都赋》，自荐给当时享有盛名的皇甫谧。皇甫谧极力推荐，《三都赋》由此轰动整个洛阳，"豪贵之家，竞相传写"，因而"洛阳为之纸贵"，左思也名声大噪。唐代诗人李白携《蜀道难》拜见太子宾客贺知章，获得贺知章的赞赏、推荐，才得以在金銮殿与唐玄宗纵论时事，继而供奉翰林。

"先有伯乐，后有千里马"之说，虽然古已有之，但等着别人去发现，终究是一种遗憾、一种悲哀，知己莫若己，与其依靠别人了解自己，等着别人的推荐，还不如把自己展示出去，让别人来了解。况且，真正能发现你和赏识你的人毕竟是少数，所以唐代文学家韩愈才会说："千里马常有，而伯乐不常有。"

[闲话人生] ……

买件红衣服穿　一天，有个衣衫褴褛的男孩来到一个衣着光鲜的男人面前，诚恳地问："您能告诉我，我要怎样做才能变得像您一样有钱？"这个男人是工地的建筑商。他看了看男孩，回答道："回去买件红衣服穿着，然后努力干活。"男孩满脸疑惑："这和成功有关系吗？""你看到那边在脚手架上工作的人了吗？他们是不是看上去全都一模一样？我根本不可能把这些工人的名字和样子全都记住。你再看那边，有一个穿红衣服的工人，我格外注意他，因为他似乎总是比别人干得更卖力。每天早上，他总是第一个到；每天下班，他又是最后一个走。因为他的红衣服和他的工作表现，我一下子就把他认出来了。"建筑商继续说，"现在，我准备让他当监工。如果够努力，他就会变成一个有钱人。"

[**心灵捕手**] ……

好酒也怕巷子深

门客毛遂通过自荐，终能崭露头角，功成名就；普通工人敢于展示自己，因此获得工地建筑商的认可，继而被重用。俗话说"王婆卖瓜，自卖自夸"，在竞争激烈的现代社会，要想获得成功，你我就要学王婆，抓住机会，敢于自夸，将自己推销出去。

放眼广阔世界，万事万物都在展示自己：孔雀开屏、白鹤亮翅、鱼跃龙门、草木开花……正是由于万物的充分展示，才使得我们这个世界五彩缤纷、多姿多彩。然而，很多人缺乏自荐的勇气。与别人谈及自己，总是羞羞答答、扭扭捏捏，"犹抱琵琶半遮面"，怕人笑话。殊不知，"好酒也怕巷子深"。

不要认为自己就是一匹专门等着伯乐来赏鉴的千里马。现在，我们要做自己的伯乐。如果你是一匹千里马，就应该昂首长鸣、驰骋疆场，这样才不会骈死于槽枥之间。不要认为你就是那个害羞的琵琶女，"千呼万唤"才"始出来"。我们要效仿李白"生不用万户侯，但愿一识韩荆州"。

别说"好酒不怕巷子深"，再香甜的酒藏得深了，也无人知晓。不要空叹"冯唐易老，李广难封"，我们需要的是"自封"的勇气。🔲

负荆请罪

—— 典出《史记·廉颇蔺相如列传第二十一》 ——

公元前279年，秦昭王与赵惠文王会于渑池。渑池会上，蔺相如毫不退让，机智应对秦昭王，立下大功。归来后，赵惠文王拜蔺相如为上卿，位居大将廉颇之上。廉颇因此心中不快，扬言道："我廉颇身为赵国的将军，攻城野战，立下大功，而蔺相如只不过动动口舌，竟然官位比我还要高，实在不能忍受。如果我见到蔺相如，一定要给他点难堪！"蔺相如听说这件事后，总是避免与廉颇会面，以免发生冲突。

有一次，蔺相如乘车外出，远远望见廉颇的车子迎面而来，急忙叫手下人调转车头躲避。蔺相如的门客以为他害怕廉颇，觉得很耻辱，就请告辞而去。蔺相如挽留他们说："诸位，你们想，是廉将军厉害还是秦王厉害呢？"门客们说："当然是秦王厉害了。"蔺相如说："秦王威风凛凛，我却在朝堂上斥责他，侮辱他的臣子们，难道我就真害怕廉将军吗？我想，强暴的秦国之所以不敢对赵国用兵，正是因为有廉将军和我两个人在啊。现在如果两虎相争，势必不能同生共存。我之所以要忍辱回避，无非是把国家存亡大事放在前头，把个人的恩怨放在后头罢了！"

蔺相如的这番话传到了廉颇的耳朵里。廉颇羞愧难当。他脱掉一只袖子，露着肩膀，背着荆条，来到蔺相如家请罪说："我是个粗鄙浅陋的人，不料您宽容、忍让我到了这样的地步。"说完，廉颇跪在地上，请蔺相如鞭打自己。蔺相如连忙扶起廉颇。两人从此成了很要好的朋友，同心协力为国家办事。

[名师讲谈]······

"亘古认过第一人，廉公坦荡敢负荆，负荆请罪登门跪，将相和好说到今。""负荆请罪"是流传千古的佳话，《史记》《资治通鉴》《战国策》等均有记载。作为"负荆请罪"的主角，廉颇受到了世人的怀念、歌颂，被赞颂为"忠勇保国第一将，闻过则改第一臣，皓首壮心第一翁，懿德高风第一人"。

廉颇出身行伍，多年驰骋战场，身为将军，自认为"有攻城野战之大功"，根本就看不上"徒以口舌为劳"的蔺相如，所以对蔺相如"位列其前"不服，时刻找碴儿想要羞辱他。而蔺相如听到这个消息，只要望见廉颇挡道，立刻回车"避匿"，宁可不前行上朝，也不与之争锋失和。廉颇开始以为蔺相如怕他，因此很是得意。他后来得知蔺相如是为避免"两虎相争，必有一伤"，危及赵国安全，而不惜忍辱负重、处处让着自己时，惭愧至极，立刻向蔺相如负荆请罪，谱写了一段"将相和"的千古佳话。

"赵之良将"廉颇虽官居将军，有过粗鲁，有过骄横，却能以国事为重，放下架子，知错就改，唱响了坦坦荡荡的"负荆请罪"的高歌，成为"闻过则改第一臣"!

历史上,知错就改的大有人在。初唐大诗人李白小时候非常贪玩,后来受老妇人"铁杵磨成针"的启发,从而发奋好学,最后成为诗坛巨擘;初唐的陈子昂出身富豪之家,"十八岁未知书",后因击剑伤人,始弃武习文,创下了"浪子回头"的佳话;宋朝名臣寇準,年轻时"不修小节,颇爱飞鹰走狗",后来知错,奋发向上,不仅考中了进士,而且成为历史上有名的刚正清廉的政治家,两度为相,被封为莱国公。

古语云:"人非圣人,孰能无过?过而能改,善莫大焉?"廉颇这种"为国释恩怨,请罪敢负荆"的坦荡胸怀,实在是可敬可佩!

[闲话人生]······

总理道歉　贝克尔是澳大利亚的一位老人。一天,他在商场里和国家总理为养老金的事情争论起来。双方互不相让,总理一时冲动,骂了一句:"你这个愚蠢的家伙!"事后,贝克尔越想越生气,便将总理告上了法院。

法院将起诉的传票送到总理府,总理马上认识到骂人家是"愚蠢的家伙"确实是不对的,决定马上举行记者招待会,就自己这句不礼貌的话向贝克尔赔礼道歉。总理在记者招待会上说:"那天,我确实很烦恼。但我知道这不能成为我用不礼貌措词的理由。如果我确实伤害了贝克尔,我愿意向他道歉,并真诚地请求他原谅我!"

知错就改为勇者

俗话说，"金无足赤，人无完人"。所以，不管你是将军是总理还是普通老百姓，总是会犯错。一个人犯了错并不要紧，要紧的是我们要及时认识到自己的错误，并勇敢地去承认和改正它，让自己下次做得更好。

我国古代先贤，如善于纳谏的唐太宗，一直推崇"闻过则喜"。唐太宗有句名言："人以铜为镜，可以正衣冠；以古为镜，可以见兴替；以人为镜，可以知得失。"就是因为他知错就改，励精图治，所以使国家出现了"贞观之治"的盛世。

"我们不怕有错误，怕的是有错不敢面对。"其实，当别人批评我们时，我们为什么不能抱着"有则改之，无则加勉"的态度来听取呢？如果自己真的有错误，那就承认并改正错误嘛！我们只要改正了错误，就能获得大家的谅解，取得新的进步。如果自己没有错误，那么也可以在今后加以注意，防止犯下类似的错误。那样不也是一种聪明的做法吗？

知错就改是一种素质，也是一种境界，它不仅有助于个人取得成功，也有助于一个团体乃至整个社会取得进步。放下架子，知错就改，因为它真的可以"善莫大焉"。

[品读经典故事] ······

一饭千金

—— 典出《史记·淮阴侯列传第三十二》——

汉初名将韩信，江苏淮阴（今江苏淮安境内）人，少年时父母双亡，日子过得异常艰难，常常没有饭吃，整天去亲戚朋友家混饭吃。日子长了，大家都很讨厌他。韩信没有办法，只好到淮水河边钓鱼，想用钓到的鱼来换点吃的。但是，他经常钓不到鱼，所以只能饿肚子。

淮水河边有一群漂洗丝絮的老大娘，她们经常带着饭篮在这里干活。其中一位大娘见韩信落魄可怜，经常没有饭吃，很同情他，就把自己的饭分一半给他吃。此后一连数十天，韩信都吃到了老大娘分给他的饭。

后来有一天，韩信吃完饭，对老大娘说："谢谢您把自己的饭分给我吃，等我将来发达了，一定会重重地报答您。"老大娘听到韩信这番话，生气地说："你身为男子汉大丈夫，连饭都吃不上，还好意思说今后怎么样！我难道是指望你的报答才救济你的吗？"老大娘说完，便离开了。韩信满脸羞愧，暗暗下定决心，一定要成就一番大事，将来有机会报答老大娘。

公元前208年，韩信投奔了反秦义军将领项梁，后又跟随项羽，他多次向项羽献计均未被采纳。刘邦受封汉王之后，韩信又投奔了刘邦。经夏侯婴推荐，韩信当上了都尉，但是一直没有得到重用。后又经萧何推荐，韩信才当上大将军，并为汉王朝的建立立下了大功。公元前202年，韩信被刘邦封为楚王。

此时，功成名就的韩信想起当年的落魄情景，便来到淮阴县，拜见了当年那位分给他饭吃的老大娘，并赠给她一千两黄金表示感谢。

[名师讲谈]……

感恩自古以来就是中华民族的传统美德。《诗经》中有"投我以桃，报之以李"，《左传》有"衔环结草，以报恩德"，《增广贤文》有"滴水之恩，当涌泉相报"……

"一饭千金"讲的正是这样一个知恩图报的故事。汉初名将韩信穷困饥饿时曾受到一个老妇人的照顾，一连十几天得到她的饭吃。韩信心存感激，后以千金相赠。"一饭千金"的故事遂成千古佳话，历朝各代均有诗歌相颂。唐代诗人汪遵有绝句："秦季贤愚混不分，只应漂母识王孙。归荣便累千金赠，为报当时一饭恩。"宋代张耒有诗云："千金一饭恩犹报，南面称孤岂遽忘。何待陈侯乃中起，不思萧相在咸阳。"后人为弘扬韩信"知恩必报"的美德，还在淮河边特意建了一座"千金亭"，亭子两侧立柱上书"爱心本无价，然诺足千金"。

韩信是个懂得感恩的人。就在韩信辅佐刘邦取得卓越战功后，刘邦又派韩信去征讨楚国。楚王项羽希望韩信与自己联合，对付刘邦。韩信谢绝说："汉王（刘邦）让我带领数万士兵，对我言听计从，我才取得今天的成就。如果我背叛他，上天不容，所以我不会背叛他。"后来，齐人蒯通建议韩信与刘邦、项羽三分天下，鼎足而立。韩

信对蒯通说："汉王待我非常好，他把自己的车子给我用，把自己的衣服给我穿，把自己的食物给我吃。我听说，乘坐人家的车子要担负人家的灾祸，穿人家的衣服要分担人家的忧愁，吃人家的饭食要为人家的事情卖命，我怎么可以背信弃义，背叛人家呢！"蒯通听后，羞愧地逃走了。

在中华民族悠久的历史文化中，感恩的美德一直延续着。为报答对自己有恩的智伯，豫让先后两次刺杀智伯的仇人赵襄子，均遭失败，最后伏剑自杀。同样，为报燕太子丹的知遇之恩，荆轲前去刺杀秦王，最终"壮士一去兮不复还"……

感恩不仅是一种美德，更是一种境界。历史长河中，有多少英雄豪杰正是因为感恩而被铭记。

[闲话人生]……

一杯牛奶 一个生活贫困的小男孩为了积攒学费，挨家挨户地推销商品。这天，他的推销进行得很不顺利，直到傍晚，他也没有卖出一样商品。他饥渴难耐，决定敲开一扇门，希望主人能给他一杯水喝。开门的是一位美丽的年轻女子，她看见男孩疲惫的脸，给他端来了一杯浓浓的热牛奶。男孩喝下牛奶，觉得浑身是劲儿，对人生也充满了希望。本来，他都打算放弃了。

很多年后，男孩成了著名的外科大夫。一天，一位病情严重的妇女被转到了男孩所在的医院。男孩顺利地为妇女做完手术，救了她的命。无意中，他发现那位妇女正是多年前给过他那杯热牛奶的年轻女子！他决定悄悄地为她做点什么。妇女做完手术，一直为昂贵的手术费而发愁。当她鼓起勇气办理出院手续时，在手术费用单上看到的是这样几个字："手术费已付：一杯牛奶（霍华德·凯利医生）。"

[心灵捕手]……

感恩的心

也许妇女早已记不得那杯浓浓的热牛奶了，然而，男孩却牢记于心。在男孩的心里，那杯牛奶甚至比妇女那昂贵的手术费还要珍贵！男孩的行为，与韩信的"一饭千金"同样令人赞叹。是的，古今中外，感恩永远是最珍贵的情怀。所以，法国伟大的思想家卢梭说，"没有感恩就没有真正的美德"；我国著名画家刘天庆说："活在世上，我们应该学会感恩，学会感恩，你才能体会到幸福，体会到欢乐。"

感恩是生活的大智慧，感恩可以让我们的生活更美好。常怀感恩之心的人，能够心胸宽广，时时保持积极、乐观的生活心态，他们对别人总是多一份理解和感激，少一些挑剔和抱怨。这样，他们可以心平气和地对待很多事情，可以认真务实地做好每一件小事，可以真正做到严于律己、宽以待人……

当然，我们所说的"感恩"并不是单向地付出或一味地"报答"，而是心中常怀一份感激，让我们在给予的同时分享生命的感动，领略幸福的真谛。"生活需要一颗感恩的心来创造，一颗感恩的心需要生活来滋养。"

桃李不言，下自成蹊

—— 典出《史记·李将军列传第四十九》 ——

李广是西汉名将，其祖先是秦朝的大将军李信。李广家世世代代武艺高强，善于射箭。汉文帝十四年（公元前166年），匈奴大举入侵边关，李广以良家子弟从军抗击匈奴，因善于用箭，杀死和俘虏了众多敌人，立下大功，被文帝升为中郎。李广曾多次跟随文帝射猎，格杀猛兽，文帝曾慨叹："可惜啊，你没遇到好时机。如果你生逢高祖争天下的时代，封个万户侯也不算什么！"

李广身材高大，臂长如猿，有善射天赋，即使别人向他学习射箭，也始终不及他。李广不善言辞，说话不多，与别人在-起就在地上画军阵，然后以射箭来赌酒为乐。他一生都以射箭为消遣。李广射杀敌人时，要求自己箭无虚发，所以非在数十步之内不射，常常是箭一离弦，敌人应声而亡。因此，他多次被敌人围迫，但从不畏惧。李广待人和气，为官清廉，常把自己的赏赐分给部下，与士兵同吃同饮。他一生做了四十多年俸禄为二千石的大官，家里却没有多余的财物，也始终不谈购置家产的事。李广爱兵如子，凡事身先士卒。行军遇到缺水断食之时，见到水和食物，士兵还没有完全喝到水，他就不近水边；士兵还没有完全吃上饭，他一口饭都不尝。李广对士兵宽厚仁爱，不苛刻，士兵也因此爱戴他，乐于为他出力。

后来，当李广将军去世的噩耗传到军营时，全军将士无不痛哭流涕，连许多与大将军平时并不熟悉的百姓也纷纷为之流泪。太史公司马迁赞叹道："桃李不言，下自成蹊。"

[名师讲谈]······

　　"飞将军李广"的故事彪炳史册，《史记》赞之曰："李广才气，天下无双"。此后，《汉书》、《新唐书》、《资治通鉴》等典籍都从不同角度记述了飞将军李广的英雄事迹。唐朝诗人王昌龄的一首《出塞》"秦时明月汉时关，万里长征人未还。但使龙城飞将在，不教胡马度阴山。"道尽了飞将军李广的骁勇，也道尽了他的才气。而唐朝诗人高适的"相看白刃血纷纷，死节从来岂顾勋。君不见沙场征战苦，至今犹忆李将军"则道出了后世人民对李广将军的缅怀和景仰。

　　李广，西汉名将，一生皆在边关戍敌，与匈奴激战七十余次，以骁勇善射著称，曾被汉武帝任命为右北平太守。匈奴人闻其名则避之，不敢与其相战。其"飞将军"的名号也是匈奴人叫响的。一次，李广率军出雁门关，因寡不敌众而受伤被俘。匈奴单于久仰李广威名，命令手下："得李广必生致之。"就在匈奴骑兵将受伤的李广掳至单于营地的半路上，李广假装昏迷挣脱束缚，奋力夺得身旁一名匈奴骑兵的战马和弓箭，边战边跑，最终逃了回来。这次战争让他获得了"汉之飞将军"的称号。

　　"桃李不言，下自成蹊"是太史公司马迁对李广的评价，道出了他对李广将军的敬仰。李广将军武艺超群，作战骁勇，有"射猎雕者"、"射白马将"、"醉后射石"等典故流传于世；李广将军仁爱士卒，为官清廉，平时"得赏赐分其麾下"，战场上"饮食与士卒共之"；李广将军为人朴实，严于律己，宽以待人，深受边关军民的爱戴，在历代的边疆士兵中有着崇高的威望。他死后，军中所有将士均痛哭不已，普通老百姓也都流泪哀悼。

　　李广将军驰骋疆场，戎马一生，历经汉文帝、汉景帝、汉武帝三朝，虽未被封侯，但在军中享有崇高的威望。孔子说过："其身正，不令而行；其身不正，虽令不从。"就是因为李广将军严于律己，宽厚待人，德才兼备，所以才会赢得那么多人的爱戴和尊重吧！

[闲话人生]……

白隐禅师　　从前，日本有位白隐禅师，道行高深，负有盛名。一次，白隐居住的禅寺附近有户人家的女孩怀孕了。女孩的母亲非常生气，一定要找出那个"肇事者"。

　　女孩指了指禅寺，说道："是白隐的。"

　　女孩的母亲跑到白隐面前又哭又闹。白隐明白了怎么回事后，没有做任何解释，只是淡然地对女孩和她的母亲说："是这样吗？"

　　孩子生下来以后，女孩的母亲又当着寺院所有僧人的面送给白隐，要他抚养。白隐接过婴儿，小心地抱到自己的内室，精心喂养。

很多年以后，女孩内心愧疚，向世人道出了真相，并亲自到白隐面前赎罪。白隐面色平静，仍旧淡然地说："是这样吗？"说完，他便将孩子还给了女孩。

[心灵捕手] ······

做最好的自己

桃李有着芬芳的花朵、甜美的果实，虽然它们不会说话，但仍然会吸引人们到树下赏花尝果，以至于桃李树下都走出一条小路。如同桃李一样，李广将军以他为官清廉、宽厚仁慈的品质和骁勇善战的才气赢得了崇高的威望，白隐禅师也以宽广的胸怀和仁爱的心肠赢得了世人的尊敬。

同样，在追求权势功名成风的汉末乱世，诸葛亮没有追求功名，没有四处奔波投奔明主，而是隐居卧龙岗，潜心钻研兵法战术。但他横溢的才华、过人的智慧是无法掩饰的，因此蜀主刘备三顾茅庐，请他出山辅助自己。

对于我们每个人来说，要争取做最好的自己，踏实、真诚地做人做事。每个人都是一块金子，无须刻意掩盖光辉。常言道，是金子总会发光的。一块被污垢玷污的金子可能会被人忽略，但它的纯金本质是掩饰不住的。终有一天，它所散发的耀眼光芒会被人发现，从而获得认可。🔳

大将军卫青

—— 典出《史记·卫将军骠骑列传第五十一》——

　　汉元朔五年春天，汉武帝命令大将卫青率领三万骑兵攻打匈奴。卫青作战获胜后，面见武帝。武帝道："大将军卫青亲自率领将士作战，军队获得大捷，加封卫青六千户。"同时，武帝还要封卫青的儿子卫伉为宜春侯、卫不疑为阴安侯、卫登为发干侯。卫青坚决辞谢说："臣有幸在军中供职，仰仗陛下的神灵，军队才取得大捷。这全是各位将军、校尉奋力作战的功劳。陛下已经加封我了，我的儿子们还小，也没有功劳，他们怎么敢接受封赏呢？"武帝道："我没有忘记各位校尉的功劳，他们都有赏。"后来，由于匈奴不停地侵扰边境，卫青又带几路军去和匈奴人作战。在路上，右将军苏建、前将军赵信率领三千多骑兵，遇上了匈奴单于的军队，双方进行了十分激烈的战斗，汉军伤亡殆尽。前将军赵信本是匈奴人，后投降了汉军，他看到情况危急，再加上匈奴人的诱降，就带领剩余的八百名骑兵投降了匈奴。右将军苏建全军覆没，独自一人逃走，回到大营。卫青询问军正闳、长史安、议郎周霸等人，该怎么处理苏建。周霸说："大将军出师以来，还没有斩过副将，苏建弃军逃回，可斩其首以宣扬将军的威严。"闳、安二人说："不妥，今苏建率几千人抵挡单于的几万人，奋力苦战一天多，士卒全部牺牲了，不敢有二心，立即回来了。如果这样处死他，这会让奋战的将士寒心，今后一旦战败，他们就都不敢回来而去投降了。"卫青说："我有幸凭借皇亲的身份受到宠信，即使有处死大将的权力，也不敢擅自做主，还是将实情汇报给天子，让天子亲自定夺吧！"

[**名师讲谈**]......

　　西汉大将军卫青是一位颇具传奇色彩的
人物，他本是小县吏郑季和平阳侯府中
婢女卫氏的私生子，幼年时当过家
奴，长大后当过平阳公主府中的骑
奴。后因同母异父的姐姐卫子夫被
汉武帝宠信，卫青得以入宫当差，被
武帝赏识，逐渐被提拔，并娶平阳公
主为妻。从一个饱受欺凌的婢女私生子
到抗击匈奴、立有赫赫战功的大将军，从
公主的骑奴到公主的丈夫，卫青权倾朝野，
位极人臣，但他却能做到居功不傲，谦虚谨慎，不以势压人。太史公
司马迁赞其"为人仁善退谦"，班固亦称"青仁，喜士，退让"。

　　事实也确实如此，《史记》中也说到了。汉元朔五年（公元前
124年）春天，卫青出击匈奴取得大捷，汉武帝不仅加封他，还要封他
的三个儿子为侯。卫青坚决辞谢，而把功劳归于汉武帝和军中其他的
校尉。由此可见他为人臣的谦恭谨慎，对同僚的仁爱大度。因为他明
白，如果没有皇帝的信任，没有众将领的拥护，他怎么会打胜仗呢？
所以他在受赏时，不忘以宽和柔顺来取悦皇上，也不忘众将领。元朔
六年（公元前123年），在讨论如何处置右将军苏建弃军而逃的罪过
时，有人建议将苏建斩首以建立他大将军的威严，有人认为苏建是尽
力而战的，不应斩首。卫青认为自己身为皇亲国戚，没有必要再建立
威严，即使自己有权力可以处决部将，也不应该擅自做主，而要等汉

武帝亲自裁决。这足见其处事谦恭谨慎，不敢擅自专权。

当然，除了这两件事，我们还可以从其他的事件中看出卫青的"谦虚谨慎"，我们甚至可以说他的"谦虚谨慎"与他的出身有关。

卫青还在平阳公主家里做骑奴时，曾有人替卫青相面，说他天生是个贵人，以后会被封侯。卫青当时就笑道："奴婢生的儿子，不受人家斥责打骂就不错了，怎么封得了侯呢？"我们当然不能因为卫青说这种"没人斥责打骂就不错了"的"窝囊"话，就认为他是一个没有抱负的人。卫青笑着说，说明他很高兴，也暗示了他当然也希望封侯，只是他当时的境遇与希望差太远，他只能谨慎做人，小心做人，而不能像项羽那样敢说"彼可取而代之"，也不敢像陈胜那样说"燕雀安知鸿鹄之志"。

卫青当上大将军后不久，他的姐姐卫子夫又当上了皇后。可以说这时他已经权倾朝野了，朝廷一般人见了他都比较客气，常常要拜几拜。可即使在这时，他仍然保持着谨慎谦虚的本色。一次，官位低于他的大臣汲黯见了他，揖而不拜。有人就对汲黯说："除了陛下，大将军就是最尊贵的人了，你为何见而不拜？"汲黯回答："大将军地位尊贵，他手底下还有只肯作揖不肯跪拜的人，这不正表明大将军礼贤下士的美德吗？"卫青听说汲黯这番话后，非但没有怪罪汲黯，反而更加尊重他，显示出了宽厚谦虚的胸怀。

卫青身处显贵，位极人臣，没有半点骄纵，不改谦虚本色。对皇帝，他忠诚无二心，保持做臣子的本分；对下属，他宽仁爱护，不以势压人。所以《汉书》赞之曰："大将军至尊重，而天下贤士大夫无称焉"。

[闲话人生]……

找不到那片广大的田地 一天，苏格拉底的弟子聚在一起聊天。一位出身富有的学生当着所有同学的面，夸耀他家在雅典附近拥有一片广大的田地。

当他夸耀的时候，一直在旁边不动声色的苏格拉底拿出一张地图，对富有的学生说："麻烦你指给我看，亚细亚在哪里？"

"这一大片全是。"该学生指着地图扬扬得意地说。

"很好！那么请你告诉我，希腊在哪里？"苏格拉底又问。

学生好不容易在地图上找出一小块来，但和亚细亚相比，实在太微小了。

"雅典在哪儿？"苏格拉底又问。

"雅典，这个更小了，好像是在这儿。"学生指着一个小点说着。

最后，苏格拉底看着他说："现在，请你指给我看，你们家那块广大的田地在哪里呢？"

学生找得满头大汗，可他的田地在地图上连个影子也没有。他很尴尬地回答道："对不起，我找不到！"

[心灵捕手]……

深海不拒细流

是啊，我们所拥有的一切与伟大的天地相比，实在是微不足道。唐代名臣魏征说："低洼下，水流之；人谦下，德归之。"假设卫青在受赏时，毫不谦虚，把功劳揽于一身，那么就不会有众将领的拥护，也就不会取得赫赫战功；如果他处事不够谨慎，逞一时威风，没有奏请皇上，直接将苏建处死，恐怕也不会得到皇上的长久信任和重用。所以，我们若想成就一番事业，也须谦虚谨慎。

谦虚谨慎的人不喜欢装模作样，知之为知之，不知为不知；谦虚谨慎的人不会摆架子，遇到比自己优秀的人，一定会虚心请教；谦虚谨慎的人不会盛气凌人，无论他多么有地位、多么有权势，他们总是宽以待人。

时下正流行"低调做人是一种智慧"这样一句话，其实也蕴涵了谦虚谨慎的人生态度。低调做人，不张扬，不骄狂，心平气和地对待人和事，既可以让人在卑微时安贫乐道，也可以让人在显赫时安享幸福。

对于我们每个人来说，谦虚谨慎是成功做人做事的前提和基础。谦虚谨慎使我们看得见别人的长处、自己的短处，从而取其所长、补己之短；谦虚谨慎的人，听得进别人的意见，而不会自作主张，因此也才能少犯错误；谦虚谨慎还能帮我们处理好人际关系……

大海谦虚有度，不拒细流，所以能就其深；高山谦虚有度，不弃垒土，所以能成其大。

◉ 世事风云变幻，路途曲折多艰，我们若想从容应对，需要讲究做事的技巧与方法，比如变通、抓关键、扬长避短、借助其他力量、冷静应对……

◉ 圣人孔子虽然主张以诚信为本，但在面对不讲道理的山野粗人时，他又不跟他们讲诚信了，这体现了灵活变通的做事原则；汉初，天下尚未稳定之时，张良给刘邦出主意，封赏他最痛恨的大臣以稳定人心，此举一下抓住了问题的关键，解除了即将发生的纷乱；赛马场上，孙膑只是调换了马的出场顺序，便立刻转败为胜，说明扬长避短就能创造奇迹；燕国乐毅联合其他五国进攻齐国，借他山之石，轻松实现"破齐"计划……光耀千古的《史记》给人以无穷的智慧。它启示我们，人生路上，如何进退方可畅通无阻，怎样作为方可成就未来。

[品读经典故事]······

大禹治水

—— 典出《史记·夏本纪第二》——

原始社会末期，黄河流域发生了一次罕见的洪水灾害。洪水滔天，包围了高山，淹没了庄稼和房屋。面对茫茫洪水，人们只得逃到山上去躲避。部落联盟首领尧，为了解除水患，召开了部落联盟会议，推举了鲧去完成这个任务。但鲧只知道用"湮"、"障"等堵塞围截的方法治理洪水，结果治了九年，仍然没有成功。尧死后，大家推举舜当了部落联盟的首领。舜巡视治水情况，看到鲧对洪水束手无策，耽误了大事，就将鲧治罪，处死在羽山。部落联盟又推举鲧的儿子禹去治水。

禹治理洪水时，吸取父亲治水失败的惨痛教训，先动员全国的老百姓出谋划策。有人认为："洪水泛滥是因为来势很猛，流不出去。"有人认为："水是往低处流的。只要我们弄清楚地势的高低，顺着水流的方向，开挖河道，把水引出去，就好办了。"这些建议使禹受到很大的启发。他制订了切实可行的方案：一方面要继续修筑堤坝，另一方面，改鲧过去"堵塞"的办法为"疏导"的办法。

为了掌握地形情况，大禹"左准绳，右规矩"，带着测量工具，到各处勘察地形，测量水势。在此基础上，他带领群众根据地形地势疏通河道，使洪水和积涝得以回归河槽，流入大海。经过十几年的艰苦努力，禹终于制伏了洪水。于是，人民纷纷从山上下来，回到平原上。接着，禹又带领人民开凿沟渠，引水灌溉，发展农业，化水害为水利，在黄河两岸的平原上开垦出许多良田和桑土，使其成为人民安居乐业的地方。

[**名师讲谈**]……

　　大禹，是中国历史上的一个重要人物。而大禹治水是中国历史上的一件大事，诸多古籍，如《尚书》、《诗经》、《淮南子》等多有记载。大禹治水的功绩一直受到后人的赞颂。战国时期有人曾感慨："微禹，吾其鱼乎！"意思是说，要不是禹，我们现在早已变成鱼虾了。清代学者顾炎武曾作诗句"亘地黄河出，开天此一门。千秋凭大禹，万里下昆仑"，赞扬大禹的不朽功绩。

　　据考证，"大禹治水"发生在 4000 多年前的尧舜时代。当时，黄河流域连续多年发生特大洪水，"汤汤洪水方割，荡荡怀山襄陵，浩浩滔天"。滔滔洪水经年不退，给整个民族带来了空前的灾难。于是部落首领尧派鲧治理洪水。鲧只知道修堤筑坝，堵截洪水，结果遭致失败。紧接着，鲧的儿子禹接替父亲继续治水。

　　禹吸取了他父亲治水失败的惨痛教训，改变单纯筑堤堵水的办法，采用疏导的策略。据《尚书》的《益稷》篇、《禹贡》篇和《史记·夏本纪》记载，大禹采用疏导的方法，使滔天洪水"决九川，距四海"。

《史记·河渠书》也说，大禹开凿龙门，使黄河水南到华阴，东下砥柱、孟津。黄河自高原流到平原后，大禹又开通两道河渠，使河水东流；黄河到下游后，大禹又疏通多道河流，使之流入渤海。据《淮南子·原道训》记载："禹之决渎也，因水以为师。"意思是说禹善于总结水流运动规律，利用水往低处流的自然态势，因势利导地治理了洪水。

为什么鲧治水没有成效，而禹治水就成功了呢？很明显，这是一个方法问题。因为禹采用正确的方法来治理洪水，而鲧采用了错误的方法，所以禹成功了，而鲧失败了。

[闲话人生]……

两只蚂蚁 两只蚂蚁同时来到一堵墙前，它们都想翻越那堵墙，寻找墙那边的食物。

一只蚂蚁来到墙脚，毫不犹豫地向上爬去，可是每当它爬到大半时，就会由于劳累、疲劳而跌落下来。但是它不气馁，一次次跌下来，又迅速地调整一下自己，重新开始向上爬去。

另一只蚂蚁来到墙脚，先观察了一下，然后决定绕到墙那边去。

很快地，这只蚂蚁绕过墙来到食物前，开始享受起来。而另一只蚂蚁还在不停地跌落下去又重新开始。

[心灵捕手] ……

方法比努力更重要

很多时候，方法比努力更重要。我们只有选对了方法，努力才有意义。如同那两只蚂蚁一样，为什么第一只蚂蚁努力爬了很久，依然还在墙这边，而第二只蚂蚁一会儿就到了墙那边？很明显，第一只蚂蚁没有选对方法，即使它再怎么努力，也是白搭；第二只蚂蚁很聪明，先观察了一下，觉得爬过去不容易，所以绕过去了。

神舟电脑的总裁郭为曾笑谈：白龙马随唐僧取经归来修得正果，被加封为八部天龙。而它的朋友驴子此期间在长安推磨，一刻也未停息，但毫无长进。究竟这是为什么呢？因为驴子的方法不对，它总在原地打转，一点突破也没有。

可见，方法是解决问题的捷径。有时候，找不对方法，再努力也是徒劳。如诸葛亮布下的八阵图，你找不到破阵的方法，即使你左冲右突，仍然走不出一堆乱石。

那么，怎样才能找对方法呢？一般而言，有几点需要注意：一是需要我们分析问题、收集资料，就像大禹到处勘察地形、测量水势一样；二是多总结经验教训，并善于运用它。禹吸取鲧的教训，将"堵塞"的办法改成"疏导"的办法，结果，洪水治理成功了；三是多做逆向思考，当我们在生活中遇到问题，一时找不到解决方法时，不妨多做一些逆向思考，找出问题的关键，然后再决定解决问题的方法。🔲

[品读经典故事]……

项羽少年立大志

—— 典出《史记·项羽本纪第七》 ——

　　项羽，名籍，下相（今江苏宿迁西南）人，是楚国名将项燕的后代。项羽年少时，曾经读书学习过一段时间，不过没过多久，项羽就觉得读书无趣，又改学剑术了，结果剑术也没学成。他的叔父项梁为这件事情很恼火，骂他没出息。可是项羽却说："读书不过用来记个姓名而已。剑术学得再好，也只能是一个人作战，不值得学习。我要学习率领一万人作战的本事！"项梁听了这话，心里挺高兴，就教给他兵法。

　　有一天，秦始皇出巡到会稽（今浙江绍兴境内），地方官吏和百姓都出郡迎接，项梁和项羽也一起去看热闹。项羽看见秦始皇的车驾浩浩荡荡、威仪非凡，便用手指着秦始皇对项梁说："我们可以取代他！"项梁听了这话，慌忙堵住他的嘴，说："可不要胡说，这是要灭掉九族的大罪啊！"从此，项梁心里特别喜爱项羽，认为他日后能够做成大事。

　　秦二世元年，陈胜等人率先起义。九月，会稽郡守殷通对项梁说："长江以西地区都造反了，看来这是上天要灭亡秦国。我准备发兵抗秦，请你和桓楚当将军，如何？"项梁一听，觉得时机来了，便说道："承蒙你抬举，我哪能不效力呢？不过，我们要先找到桓楚才行。现在只有我侄儿项籍知道桓楚的下落，请你召见他，命令他把桓楚找来。"郡守答应了。项梁找到项羽，让他趁机杀死殷通。项羽提着宝剑来到殷通面前，殷通还没明白怎么回事，项羽一剑砍下了他的头。随后，项梁和项羽走上了起兵抗秦的道路。由于项羽勇猛善战，气魄过人，很快就成了抗秦斗争的领袖。

[**名师讲谈**]⋯⋯

"取而代之"这个成语现用来表示夺取别人的地位、权力而代替他，也泛指用一种事物代替另一种事物。项羽说这句话时，不过是一个少年。小小年纪就有如此远大的志向，实在令人惊叹！

少年时代的项羽不愿意读书，也不愿意习剑，这并不是他学不好，而是他不愿意只当一个平凡人，仅仅会读书认字、会单打独斗，他立志要学"万人敌"的兵法，能够指挥千军万马，因为只有千军万马的兵法才能够让他成为统帅。

秦始皇三十七年（公元前210年），项羽看到始皇帝巡游江南的威仪，认为"彼可取而代也"，可见其远大的理想。秦二世元年（公元前209年），项羽助叔父项梁杀死会稽郡守，起兵抗秦。秦二世二年（公元前208年），项羽率楚军主力渡黄河，大败秦军，赢得了巨鹿之战的胜利，威名大震。汉高帝元年（公元前206年），项羽挟灭秦之功，封18个诸侯，自号西楚霸王。追根溯源，这些都是项羽的"彼可取而代"的作用。如果他没有如此远大的志向，只是一味读书学剑，恐怕就难有令人敬仰的西楚霸王了。

项羽树立"彼可取而代"的理想，然后乘势而起，勇往直前。他能征善战，在战场上豪气盖世，叱咤风云，一路破田荣、救彭城、救荥阳、夺成皋，取得了多次胜利，最后终于当上了西楚霸王，可谓不负所愿。

同样，大泽乡陈胜的"燕雀安知鸿鹄之志哉"道出了他的远大志向。陈胜，字涉，秦末农民起义领袖。他出身雇农，深受压迫和剥削，心里"怅恨久之"，立志要干点大事出来。一天，他对一起耕田的伙伴说："假如哪一天谁富贵了，可不要忘了一块儿吃苦的兄弟啊！"大伙听了都嘲笑他："咱们卖力气给人家种田，哪儿来的富贵？"陈胜长叹一声："唉，燕雀怎么知道鸿鹄的志向呢？"后来，陈胜在大泽乡发动抗秦起义斗争，做出了惊天动地的壮举，用实际行动向世人证实了自己的豪言壮语。

几千年的历史告诉我们，有志者流芳百世，无志者碌碌无为。假设项羽和陈胜没有鸿鹄大志，没有伟大的梦想，怎么可能有后来的辉煌成就呢？

[闲话人生] ……

白蝴蝶和蓝蝴蝶　在一个狭长的山谷里，住着一群白蝴蝶。它们以吸食腐木的汁液为生。

山谷里有一只毛毛虫，它每天看着蓝天下飞过的美丽的蓝蝴蝶，心里想："为什么我不能变成一只美丽的蓝蝴蝶呢？为什么我不能像蓝蝴蝶一样，以采花为生呢？"于是，吃完树叶后，别的毛毛虫都睡觉了，这只毛毛虫就独自冥想，想着自己长出蓝色的翅膀，正飞舞在花丛间。每天，毛毛虫都这样深深地冥想着。

奇怪的事情终于发生了，当其他毛毛虫都长出白色的翅膀时，那只毛毛虫却长出了美丽的蓝色的翅膀。别的蝴蝶一诞生，就飞向大地，吸食腐

木的汁液。只有这只蓝蝴蝶飞向天空，从这朵花飞到那
朵花，吸食百花的芬芳。

[心灵捕手]……

我们，因梦想而伟大

　　人因梦想而伟大。确实是这样，项羽梦想着成为像秦始皇那样的
人，在秦末风起云涌的农民起义中，他乘势而起，奋勇抗秦，最终成
为一代霸王；陈胜出身陇亩，梦想改变受剥削、受压迫的现状，他率
领劳苦大众揭竿而起，最终创下了一番轰轰烈烈的事业。就像那只毛
毛虫一样，我们只要心怀梦想，最终也能创造奇迹。

　　每个人都应该有自己的梦想，贫穷的人梦想变得富有，平凡的
人梦想变得不平凡……平凡人有平凡人的梦想，伟人有伟人的梦想。
秦始皇的梦想是扫平六国、一统江山；马丁·路德·金梦想"上帝所
有的孩子，黑人和白人，犹太教徒和非犹太教徒，耶稣教徒和天主教
徒，都能自由平等"；牧羊人的儿子莱特兄弟梦想飞上天空；士兵梦
想当将军；漂泊者梦想一处蜗居……

　　梦想不分大小，也量不出轻重，但每个梦想一旦付诸行动，都
会变得神圣！追求梦想，实现梦想，这中间需要一座坚持的桥梁做纽
带，也许是木桥、石桥，也许是钢筋大桥，但重要的都是，你能从桥
的这一边走到桥的那一边！

鸿门宴

—— 典出《史记·项羽本纪第七》 ——

公元前 207 年，楚怀王派项羽等去救援被秦军围困的赵国，同时派刘邦领兵攻打函谷关。临行时，楚怀王与诸将约定，谁先入关，便封谁为关中王。项羽在巨鹿大败秦军，消灭了秦军的主力。同时，刘邦从黄河以南打进武关，攻下咸阳。刘邦准备在关中称王，后来在谋士劝说下，退出咸阳，还军灞上，派兵把守函谷关，以防诸侯军入境。项羽大破秦军后，听说刘邦想在关中称王，非常恼火，就攻破函谷关，直抵新丰鸿门。鸿门离刘邦驻扎的灞上没有多远，双方的兵力悬殊，如果项羽真要进攻，刘邦就危在旦夕了。刘邦得知项羽打算进攻他，就前去拜见，并说："未知将军入关，有失远迎，今日特上门谢罪。"项羽见刘邦道歉，便起身与他握手言欢，还留下刘邦在军营喝酒，并请范增、项伯、张良作陪。酒席上，范增一再向项羽使眼色，要项羽下决心，趁机把刘邦杀掉。可是项羽只当没看见。范增找来项羽的堂兄弟项庄，让他在席上舞剑助兴，趁机杀掉刘邦。

张良一看形势十分紧张，便到营门外找樊哙，说项羽要刺杀刘邦。樊哙闯了进去，与项羽据理力争。项羽十分佩服他的勇气，不但没怪罪，还给他赐了座。过了一会儿，刘邦借口去上厕所，张良和樊哙也跟了出来。刘邦留下一些礼物，交给张良，要张良向项羽告别，自己带着樊哙从小道跑回灞上去了。

刘邦走了好一会儿，张良才进去向项羽说明情况，项羽无话可说，范增气恼地说："将来夺取天下的定是沛公，你我就等着当俘虏吧！"

[名师讲谈] ⋯⋯⋯⋯

　　"鸿门宴"是《史记·项羽本纪》中最重要、最精彩的篇章之一，它标志着秦末楚汉相争的风云人物之———项羽悲剧命运的开端。借"鸿门宴"，我们可以窥见项羽这个人物的性格，以及他悲剧命运的原因。

　　有学者分析认为，项羽的命运逆转就在于这场"鸿门宴"。在他们看来，项羽处事太犹豫，错失了除掉对手刘邦的良机，最后落得自刎乌江的下场。也有学者认为，在"鸿门宴"上，刘邦已经向项羽道歉了，项羽碍于面子，不肯借机杀掉刘邦，留下了后患。不管持什么观点，大多数史学家都认为，项羽鸿门宴上放走刘邦实在是一个战略抉择的错误，为其最后的失败埋下了祸根。究其原因，是项羽的性格使然。

　　刘邦先入咸阳，已经让项羽恨得咬牙切齿。难道项羽不知道这其中的利害关系吗？亚父范增已经说得非常清楚，"沛公居山东时，贪于财货，好美姬。今入关，财物无所取，妇女无所幸，此其志不在小⋯⋯此天子气也。急击勿失。"对于项羽来说，刘邦实在是必欲去之的心腹之患。难道项羽没有能力杀掉刘邦吗？当时，以项羽的武装

实力，无论杀死谁都是轻而易举。连刘邦的随从樊哙都说，人为刀俎，我为鱼肉。难道是没有机会下手吗？相反，机会多的是。可任凭范增怎么使眼色，怎么打暗号，项羽就是默然不应，所以才会让刘邦这只煮熟的鸭子飞了。也许范增早已看透项羽有"不忍之心"，也就是"妇人之仁"。这里，不要把这个"仁"误认为孔子提倡的"仁"。项羽的"仁"其实是婆婆妈妈。作为领兵打仗的大将，行事更应果断，不应婆婆妈妈，犹犹豫豫。曾在项羽手下做事的韩信如此说项羽：项羽这个人"言语呕呕"，即说话啰嗦、琐碎。将士如果有谁受了伤，他会流着眼泪拉着他的手说长道短。可如果谁立了战功，他要封一个官爵的时候，就会思来想去。可见，项羽是个优柔寡断的人。

　　纵观古今，成大事者，皆行事果断。优柔寡断的人，往往在犹豫不决中错失良机。

［闲话人生］……

别让猫把麻雀吃掉　有个小男孩在外面玩耍时，发现从一个被风吹落地的鸟巢里滚出了一只嗷嗷待哺的小麻雀。小男孩决定把它带回家喂养。

　　当他托着鸟巢走到家门口时，男孩忽然想起妈妈不允许他在家里养小动物。他犹豫了一下，轻轻地把小麻雀放在门口，走进屋里去征得妈妈的同意。在他的哀求下，妈妈同意了。

　　小男孩高兴地跑到门口，不料小麻雀已经不见了。一扭头，他看见一只黑猫正意犹未尽地舔着嘴巴，地上还有一根麻雀羽毛。

小男孩伤心了很久。但从此他也记住了一个教训：只要是自己认定的事情，决不犹豫。这个小男孩长大后成就了一番事业，他就是华裔电脑名人——王安博士。

[**心灵捕手**]······

不再犹豫

很多时候，犹豫固然可以免去一些做错事的可能，但同样也会失去了很多成功的机会。鸿门宴上，项羽犹豫不决，错失了除掉刘邦的机会；故事中，小男孩的犹豫，让小麻雀送了命。在机会转瞬即逝的当代社会，犹豫就意味着失去机会，而机会一旦错过了，也就不会再有了。面对机会，成大事的人宁愿尝试失败，也不愿犹豫不决。我们获得成功最有力的办法就是迅速做出决定，排除一切干扰，付诸实践。

古希腊有位哲学家，知识渊博，富有才情，很多女人迷恋他。一天，一个女子对他说："让我做你的妻子吧！"哲学家很喜欢那个女子，但却回答说："让我考虑考虑！"哲学家犹豫了很久，终于决定娶那位女子。当他来到女子家中，女子的父亲告诉他："你来晚了，我女儿现在已经是三个孩子的母亲了！"哲学家听了，几乎崩溃。后来，他抑郁成疾。临终，他留下一句遗言——下一次，我绝不犹豫！

俗话说："机不可失，时不再来。"当我们面临抉择的时候，一定要迅速果断地做出决定，犹犹豫豫等机会失去了再来后悔，是最没意义的事。

[品读经典故事] ……

卧薪尝胆

—— 典出《史记·越王勾践世家第十一》 ——

　　公元前494年，越王勾践听说吴王夫差日夜操练兵马，准备进攻越国，便想先发制人，立即出兵征讨。大臣范蠡劝阻说："不可，吴国已经练了三年兵了，来势凶猛。咱们不如守住城池，不要跟他们作战。"越王勾践不听劝告，仍然兴师伐吴。吴王夫差听说后，率精兵攻打越国。两军大战于夫椒（今江苏吴县）。越军终因不敌吴军，遭遇失败。越王勾践只得带领五千残兵退守会稽山（今浙江绍兴东南），又遭到了吴军的层层包围。勾践身陷绝境，采纳范蠡的建议，决定派大臣文种带着美女和珍宝前去求和。吴王答应了越国的求和，但要勾践夫妇到吴宫做三年的苦役。于是，越王勾践便和妻子住在夫差父亲墓旁的石屋里，做看守坟墓和养马的差事。夫差每次出游，勾践总是拿着马鞭，恭恭敬敬地跟在后面。后来吴王夫差有病，勾践为了表明他对夫差的忠心，竟亲自去尝夫差大便的味道，以便判断夫差病愈的日期。夫差病好的日期恰好与勾践预测的相合，夫差认为勾践对他敬爱忠诚，就把勾践夫妇放回越国。越王勾践回国以后，立志要报仇雪恨。为了不忘国耻，他苦心励志，发愤图强，在自己的座位旁挂一个苦胆，坐卧即能仰头舐尝苦胆，吃饭时也尝一尝苦胆，目的就是不忘耻辱。他亲身耕作，夫人亲手织布，从来不吃两种荤菜，不穿两层华丽的衣服，对贤人彬彬有礼，能委曲求全，招待宾客热情诚恳，救济穷人，悼慰死者，与百姓共同劳作。就这样，经过十年的发展生产，积累力量，又经过十年的练兵，越国终于在公元前473年灭掉了吴国。

[名师讲谈]······

在中华文明的历史长河中，"卧薪尝胆"的故事传诵千古，《史记》、《吴越春秋》等古籍中均有一些记载，唐宋年间的一些诗文中，有越王勾践"枕戈尝胆"的说法。清蒲松龄在科举考试落第后，曾写下"苦心人，天不负，卧薪尝胆，三千越甲可吞吴"来勉励自己。如今，人们常用"卧薪尝胆"这个成语来表达刻苦自励、奋发向上的决心。

故事发生在2500多年前的春秋末期。当时，吴越争霸，越国遭遇失败，越王勾践在吴国忍辱负重三年。回国后，勾践不忘国耻，卧薪尝胆，发愤图强。当时的越国由于遭受战争的创伤，田地荒芜，人口锐减，生产受到了极大的破坏。为使国家富强，勾践采纳谋臣范蠡、文种提出的"十年生聚，十年教训"之策，让范蠡负责练兵，让文种管理国事，推行休养生息的政策，鼓励耕种、养蚕、织布，鼓励生育，增加人口。十年后，越国实力大增，终于灭掉了吴国，成了春秋末期的霸主。

俗话说，"吃得苦中苦，方为人上人"。越王勾践的故事正好说明了这个道理。人们也看到，在卧薪尝胆的精神面前，一切不可能变成了可能，弱者变成了强者，弱国变成了强国，勾践创造了中国历史上的一个神话！

千百年来，我国很多仁人志士在面对困境时，都表现出了刻苦自励、自强不息的精神。就像司马迁在其自述里所说："昔西伯拘羑里，演《周易》；孔子厄陈、蔡，作《春秋》；屈原放逐，著《离骚》；左丘失明，厥有《国语》；孙子膑脚，而论兵法；不韦迁蜀，世传《吕览》；韩非囚秦，《说难》、《孤愤》……"而司马迁本人更是自强不息的典范。在遭受宫刑后，司马迁曾一度绝望，但是他很快意识到自己的责任，他忍辱负重，最后终于写出《史记》这样的旷世奇书。

[闲话人生]······

史学家卡莱尔　英国史学家卡莱尔费尽心血，经过多年的努力，终于完成了《法国大革命史》的全部文稿。他将这本巨著的原件送给他的朋友米尔阅读，请他批评指正。

谁知没过几天，米尔脸色苍白地跑来，向卡莱尔报告了一个悲惨的消息。原来《法国大革命史》的原稿，除了少数几张散页外，已经被他家里的女佣当做废纸，丢入火炉化为灰烬了。失望突然充塞于卡莱尔的心间，因为这部《法国大革命史》是他呕心沥血撰写的。当初，他每写完一章，随手就把原来的笔记撕得粉碎，所以没有留下任何记录。

但在第二天，卡莱尔重振精神，重新写了起来。他后来对朋友说："这一切就像我把笔记簿拿给老师批改时，老师批评我说：'不行！孩子，你一定要写得更好些！'"

我们现在所读到的《法国大革命史》正是卡莱尔重新写过的。

[心灵捕手]……

人生来不是为了被打败的

假如你是卡莱尔，遭遇这种一切需要重新再来的打击，你是选择放弃，还是选择重新再来呢？朋友家里的女佣把你辛辛苦苦写好的手稿给烧了，你可能会悔恨，哀叹不该把这么重要的东西拿给朋友，或者应该小心叮嘱朋友……你可以悔恨，但更应该庆幸，因为这让你有了重新再来的理由，而且你可以借此把书稿写得更好。

美国作家海明威说过，人生来不是为了被打败的，人能够被打倒，绝不能被打败。一个人被打倒了不要紧，但只要心不倒，下一次，很可能就是胜利。越王勾践被吴王彻底打败以后，由一个高高在上的国王变成了吴宫里的奴仆，可以说，勾践被吴王夫差打倒了，但他并没有被打败，不然，就不会有"十年生聚，十年教训"的后话了。

只有成功的人生是有缺失的人生、不完整的人生，更是不可能的人生。挫折与失败是人生的组成部分，它们是必不可少的，无可避免。但我们可以选择面对挫折与失败的态度，比如——不抛弃、不放弃。🔲

[品读经典故事] ……

孔子学琴

—— 典出《史记·孔子世家第十七》 ——

孔子，春秋时期的思想家、教育家，儒家学派的创始人，世称圣人。

孔子曾经拜鲁国著名的琴师师襄子为师，学习弹琴。最初，师襄子教了孔子一支曲子。孔子认真地学，反复地练。转眼十几天过去了，师襄子见孔子弹得很不错，就说："这支曲子，你已经练习十几天了，现在也会弹了，可以学习新的曲子了。"孔子却回答："先生，我觉得还不行。就现在来看，我只是熟悉了这支曲子，还没有掌握弹奏的技巧。"于是，孔子又练习了一段时间。

过了一段时间，师襄子听完孔子弹奏的曲子，点了点头，对孔子说："你已经完全掌握了弹奏的技法，可以学习新的曲子了。"孔子却说："我还没有领会曲子所要表达的含义呢！"于是，孔子又练习了一段时间。

又过了一段时间，师襄子如痴如醉地听完孔子弹奏的乐曲后，说："曲子真正的含义你已经理解了，可以学习新的曲子了。"孔子想了想，又说："可是我还没有感受到曲作者是个什么样的人，等我感受到了，再学习新的曲子吧。"说完，孔子又不厌其烦地练起琴来。

很长一段时间过去了，孔子来到师襄子面前，表现出志向高远的神态，说："我已经感受到作者是怎样的人了！他身材高大，目光明亮，能高瞻远瞩。除了爱护老百姓、以仁德感化四方的周文王，还有谁能达到这种境界呢？"师襄子听了，向孔子拜了两拜，说："没错，我的老师说过，这支曲子是周文王作的，名叫《文王操》。"

[名师讲谈]……

　　"孔子学琴"是《史记 · 孔子世家第十七》里记录的一个小故事，《孔子家语》、《列子》、《韩诗外传》上均有记载，它不仅给后人树立了一个学习的榜样，也反映出大教育家孔子精益求精的治学精神。

　　其实，孔子在向师襄学琴前，已经是一位音乐行家了，尤其弹得一手好琴。据史书记载，孔子曾在齐国与乐师论乐，听到了美妙的《韶》乐，不禁陶醉其间，达到了忘我的境界，以至于三个月不知肉味。孔子得知晋国大夫窦鸣犊、舜华去世的消息，回到陬乡，作琴曲《陬操》用以寄托哀思……可见，孔子确实具有不浅的音乐修养，可他为什么还要如此认真地学琴呢？一句话，精益求精而已。我们再来看孔子学琴的经过：先是学习曲谱，二是练习技巧，三是领会内涵和意境，四是体会作者的情操，最终达到"炉火纯青"的技艺。一首琴曲，孔子经过反复练习，反复揣摩，不仅完全熟悉了曲谱结构，把握了演奏技巧，还彻底理解了琴曲的内涵，感受到了作者的人格魅力。孔子博学多能，不能不说是以学为乐、精益求精的结果。

历史上，我国许多文人志士都具有精益求精的治学精神。唐代诗人贾岛即是其中一位。一日傍晚，贾岛骑在驴背上突然想到两句诗："鸟宿池边树，僧推月下门。"吟完之后，他转念一想，晚上，寺庙的门是要栓上的，怎么能推开呢？可能用"敲门"要好一些。可他又一时拿不定主意，到底是"推"好呢还是"敲"好。他在驴背上反复思索，由于贾岛太专心了，不曾想撞上了当地长官韩愈的马车。直到韩愈的随从把他揪到韩愈面前，他才回过神来，连忙解释。韩愈被他的治学精神打动了，不但没有责备他，还停下来与他探讨作诗的方法。"推敲"一词后来成了治学精益求精的佳话。

就如同宋代的朱熹对《诗经》"如切如磋，如琢如磨"作注说："治玉石者，既琢之而复磨之，治之已精，而益求其精也。"

[闲话人生]……

割草男孩的故事　一个男孩时常替人割草打工，一天，他打电话给一位女士："您需不需要一位割草工？"

女士回答："不需要，我已经有了割草工。"

男孩说："我会帮您拔掉花丛中的杂草。"

女士回答："我的割草工已经做了。"

男孩又说："我会帮您把草与走道的四周割齐。"

女士说："我请的那人也已经做了，谢谢你，我不需要新的割草工人。"

男孩挂断电话，这时，男孩的室友问他："你不是就在那位女士家割草打工吗，为什么还要打这个电话？"

男孩说："我只是想知道我做得怎么样，哪里还需要改进。"

[心灵捕手]……

"合格"与"优秀"，你要哪一个

割草男孩打电话给自己的雇主，问需不需要一位割草工，其实就是在探询别人对自己工作的评价，了解自己的工作做得好不好，以便有所改进。不用说，男孩的工作态度可谓精益求精，由于他做的工作令雇主很满意，所以他也就不会被炒鱿鱼了。

"合格"与"优秀"，你选哪一样呢？毫无疑问，大多数人都不会仅仅满足于合格就行了，大家都希望自己是优秀的。而要做到优秀，就得有精益求精的态度。著名导演张艺谋就是一个精益求精的人，他在指挥2008年北京奥运会开幕式的时候，无论对曲目形式、出场安排、音响效果，还是灯光效果，都有严苛的要求。他要求所有的参与人员，要把工作做到最好，可是这个"最好"到底是怎么样的呢？所以他们只有不断地探索，不断地改进。经过几年的精心准备，他们终于向世界人民奉献了一台举世无双的节目。

对于我们个人来说，最大的危机就是业不精专，没有一项自己的特长。那些涉猎较杂的人，往往对各个领域都是浅尝辄止，结果一生平庸，默默无闻。

[品读经典故事]······

孔子过蒲

—— 典出《史记·孔子世家第十七》 ——

一次，孔子准备去卫国推广他的政治理想，路过蒲国时，刚好碰上蒲人反叛，孔子等人被围困住了。孔子的弟子中有一个叫公良孺的，他身材高大，勇猛善战。他对孔子说："从前跟随先生，在匡城被围困过，现在又在这里陷入困境，这是命中注定的吧。我跟先生您一再遭受磨难，现在我愿意战斗而死。"于是，公良孺与蒲人进行了激烈的搏斗。蒲人见公良孺这么勇猛，也害怕了，就对孔子说："如果你们不去卫国，我们就放你们走。"孔子一听，马上答应了蒲人的要求。于是，蒲人让孔子他们从东门出去了。孔子解围以后，继续向卫国进发。孔子另一个弟子子贡忍不住问老师："盟誓难道可以违背吗？"孔子回答说："这是在威逼之下的盟誓，哪怕违背了，神灵也不会在意的。"

[名师讲谈]······

"孔子过蒲"是《史记·孔子世家第十七》中记载的一段小插曲，通过这个小插曲，我们看到了圣人孔子的另一面，即善于变通，不拘泥于教条，这其实也体现了儒家通权达变的思想。我们从其他一些事例中也可以看出孔子的这一思想。

一日，孔子与弟子来到郑国，被郑国一个反对儒学的权贵抓住了。权贵要求他们立刻离开郑国并保证再也不传授儒学，不然就要杀死他

们。弟子们都很为难，孔子却毫不迟疑地答应了权贵。但当他们一离开郑国，孔子就马上传授起儒学来。弟子们很不解地问老师："老师不是教我们要诚实守信吗？既然保证了不再讲学还……"孔子笑道："传授儒学有没有错？没有。那么郑人的要求就是无道的，对无道之人就应该用无道的办法，那与无道之人的约定就不必那么认真了。"

战国法家巨著《商君书》中曾有段话大意是这样的："聪明的人创造法度，而愚昧的人受法度的限制；贤人改革礼制，而庸人受礼制的约束。

孔子讲授儒家思想，不拘泥于死板的说教，而主张灵活运用。孔子讲究以诚信为本，讲究君子风度，但不该讲、无条件讲的时候他决不死要面子活受罪，可以说做到了原则性和灵活性的高度统一。所以他是孔子，是闪耀历史天空的圣人。

俗话说，"穷则变，变则通，通则久"，"人不能在一棵树上吊死"，规矩是死的，人是活的。我们做人做事，只有善于变通，灵活处理，才能找到最合适的方法，取得最好的效果。

[闲话人生]……

毛毛虫试验　法国科学家法布尔曾做过一个著名的"毛毛虫试验"。

法布尔把若干只毛毛虫放在一个花盆的边缘上，让它们首尾相接，围成一圈。然后，他又在花盆周围不到六英寸的地方撒了一些毛毛虫喜欢吃的松叶。毛毛虫开始一只跟着一只，绕着花盆边缘一圈又一圈地爬行。一个小时过去了，一天过去了，毛毛虫一连走了七天七夜，终因饥饿和劳累而死去。这其中，只要任何一只毛毛虫稍微与众不同，便立即可以吃上松叶，过上更好的生活。

[心灵捕手]……

变则通，通则久

这个小故事，是否启发你思考人生？想想看，我们生命中的许多障碍是不是也是由我们自己的固执和愚昧造成的呢？不懂变通，最后只能遭受因循守旧的苦果；如果我们懂得孔子的变通哲学，迟早会吃到我们的松叶。

经验告诉我们，变通是做事的诀窍，也是人生的大智慧。它以改变自己为途径，具体问题具体分析，不生搬硬套，拘泥于条条框框。所谓"东方不亮西方亮"，这条路走不通，那我们就换一条路，总有一条走得通吧，更何况条条大路通罗马！

韦编三绝

—— 典出《史记·孔子世家第十七》 ——

春秋时期，还没有纸张，人们就把字写在竹简或木牍上，再用牛皮条把竹简或木牍穿连在一起，使之成为一册书。孔子喜欢读《易经》，到了晚年仍然手不释卷。孔子在年轻的时候，就已把《易经》全部读了一遍，基本上了解了书的内容。后来他又读了第二遍。读完以后，他又开始读第三遍。孔子就这样一遍一遍地读《易经》，时间长了，穿连《易经》的牛皮绳子也磨断了几次。每次断了以后，孔子都不得不再用新的牛皮绳子把《易经》穿连起来以便继续阅读。即使读书读到了这个地步，孔子还谦虚地说："假如让我多活几年，我就可以完全掌握《易经》的内涵了！"

[名师讲谈] ······

"韦编三绝"讲的是孔子勤奋读书的故事。孔子是我国春秋时期伟大的思想家、教育家，儒家学派的创始人，由于他知识渊博，德才俱佳，堪称典范，所以被称为圣人。

然而孔子博学多才并非"固天纵之将圣"或"生而知之者"，而是终身勤奋好学所得。史书记载，孔子"十有五而志于学"，到"晚而喜易······读易，韦编三绝"止，总是"学而不厌"。他的高徒子贡说："夫子焉不学？而亦何常师之有？"也就是说，孔子的学习是学无常师、择善而从。《论语》、《史记》、《左传》等文献记载，孔

子曾拜郯子、师襄、老子、苌弘等人为师，学习礼仪、史、官制、琴术等。其实，孔子不仅向有名望的社会贤达虚心请教，还向田野山林之隐士，如楚人接舆、荷蓧丈人等人学习，向周围的人学习，向一切"善者"而学习。所以，他说："三人行，必有我师焉。"

学习对于孔子而言，是人生的一种乐事。《论语》开篇说："子曰：'学而时习之，不亦说乎……'"尽管孔子平生对自己的评价较为低调，但对自己的"好学"却是很自信的，并引以为豪，他曾自谓："十室之邑必有忠信如丘焉，不如丘之好学也。"

我国唐代著名文学家韩愈在他的《进学解》中提到"业精于勤而荒于嬉，行成于思毁于随"，业或学业的成功在于奋发努力和勤勉进取，贪玩、放松要求便会一事无成；做人行事，必须谨慎思考，考虑周详才会有所成就。

[闲话人生] ……

勤勉的钢琴家　一位著名的钢琴演奏家在精彩的演出结束后，接受记者的采访。谈及成功之道，演奏家说："我认为不断练习，可以熟能生巧。"记者问:"大师,您的技巧如此精湛,还要每天花时间弹琴吗?"演奏家回答说:"如果我一天不练琴,便会觉得手指生涩。如果我两天不练琴,乐评人就会发觉差别所在。如果三天没练琴,我的朋友们便会知道。倘若我一星期不练琴,所有的听众都会听得出来。因此我坚持每天都练琴。"

[心灵捕手]⋯⋯

业精于勤

钢琴演奏家说得非常清楚,他之所以琴艺如此精湛,完全是因为天天练习的结果。台上一分钟,台下十年功。我们有时候会把那些巨大成就统统归于"超人的天赋",实际上,成功的身影背后多半是出乎意料的勤奋。明代地理学家徐霞客饱受风霜三十年,踏遍祖国山水,写出了《徐霞客游记》;著名画家齐白石终生勤奋,不教一日闲过,才有了国画大师的美名。

勤能补拙。一个资质平凡的人,只要足够勤奋,也能变得不平凡。新东方学校创始人俞敏洪在北大新生开学典礼上说,能够到达金字塔顶端的动物有两种:一种是雄鹰,能靠自己的天赋和翅膀飞上去;一种是蜗牛,它只能慢慢爬上去,可能要一个月、两个月,甚至一年、两年。但是,蜗牛只要爬到金字塔顶端,它眼中所看到的世界、收获的成就,跟雄鹰是一模一样的。当然,像"雄鹰"那样的人毕竟是少数,绝大多数人都只能是蜗牛。但即使是一只蜗牛,只要坚持勤奋的脚步,就能爬上金字塔顶端,欣赏蓝天白云。

张良献计

—————— 典出《史记·留侯世家第二十五》 ——————

　　汉高帝六年正月，高帝刘邦封赏功臣。高帝封赏完劳苦功高的二十多个大臣以后，其余的人日夜争功，所以未能进行封赏。一日，高帝从洛阳南宫的桥上望见一些将领坐在宫外沙地上彼此议论。高帝问："这些人在说什么？"留侯张良说："陛下不知道吗？他们是在商议反叛呀。"高帝不解地问："天下形势安定，为什么还要谋反呢？"张良说："陛下以平民身份起事，靠着这些人取得了天下，现在陛下做了天子，而所封赏的都是萧何、曹参这些陛下所亲近宠幸的人，那些没有被封赏的人恐怕被怀疑到平生的过失而遭受诛杀，所以就聚在一起图谋造反了。"

　　高帝忧心忡忡地说："这件事该怎么办呢？"张良说："这些人中，皇上平生最恨，而又是群臣都知道的，谁最突出？"高帝说："雍齿与我有宿怨，曾多次使我受窘受辱。我原想杀掉他，因为他的功劳多，所以不忍心。"张良说："现在请陛下赶紧封赏雍齿，群臣见雍齿都被封赏，那么每人对自己能受封就坚信不疑了。"于是，高帝宴请群臣，封雍齿为什方侯，并紧迫地催促丞相、御史评定功劳，施行封赏。群臣吃过酒后，都高兴地说："雍齿尚且被封为侯，我们这些人就不担忧了。"

[名师讲谈] ……

　　汉朝人桓谭在《新论》中说到："举网以纲，千目皆张；振裘持领，万毛自整。"意思是说：做事情或解决问题时，要紧抓主要矛盾。

抓住了主要矛盾，问题也就迎刃而解了。在这个故事中，张良可谓一举抓住了主要矛盾。张良是秦末汉初杰出的军事谋略家，汉高祖刘邦的智囊。其谋略之道，历来为兵家所推崇，高祖评价他"运筹帷幄之中，决胜千里之外"。从"献计"这个事件中，我们可以窥见一斑。

当时，汉高祖刘邦刚刚平定天下，他封赏完二十几个功臣后，其余臣子也想分封，可是由于他们相互争功，谁也不肯低人一等，让刘邦无所适从，故而"未能进行封赏"。于是这些人便整日无所事事，彼此议论，担忧自己有什么过失而被诛杀，闹得人心惶惶。想一想，在汉初形势不稳的情况下，人心惶惶的结果会怎么样呢？必然是纷争不断，继而造反。刘邦知道这个情况后，当然很着急啊，于是他忧心忡忡地说："为之奈何？"智囊果然就是智囊，在这个紧要关头，张良一下子就抓住了问题的关键——稳定人心。可如何稳定人心呢？那就是保证他们的利益，让他们看到未来和希望。张良也清楚，由于群臣彼此争功，皇上也不好厚此薄彼。于是，他向皇帝提出，干脆先封

赏他最痛恨的那个人。群臣看到连皇帝最恨的那个人都受封了，那他们的心也就可以放下来了。于是，一场纷乱就这样被化解了。

在张良的一生中，他曾无数次为刘邦出谋划策，比如：智击秦将，计取关中；化解鸿门宴的危机；联合英布、彭越以抗项羽；调动韩信、彭越参加垓下会战；等等。张良几乎每一次都能"直击关键"，帮助刘邦在"山重水复疑无路"之际"柳暗花明又一村"。

古人云"擒贼先擒王"，"打蛇打七寸"，其实说的就是抓关键的问题。有时候，问题之所以复杂，就缘于它往往如一团乱麻，错综复杂，使人无从下手。但是，世间万事万物，纵使再复杂，再无序，终有规律可循。在这个时候就需要有敏锐的洞察力，发现事物的本质，找到问题的要害，准确判断事态发展的趋势和危害，然后剥茧抽丝，顺藤摸瓜，一举攻克难关。

[闲话人生]……

你的着力点在哪里　在一次空手道表演赛中，黑带高手以七段的实力，徒手将十几块叠在一起的实心木板劈开，赢得观众热烈的喝彩与掌声。表演结束后，一个好奇的小男孩向这位空手道高手请教如何劈开木板。

空手道高手将十几块木板重叠起来，问小男孩："如果你想劈开这叠木板，你的着力点会放在哪里呢？"

小男孩指着木板上方的中心："这里，我想一定要打在中心点。"

空手道高手笑道："不错，木板架高时的中心点，的确是最脆弱的部分。不过，如果你将着力点放在最上面这块木板的中心，是不能劈开整叠木板的。"

男孩不解地问："那究竟该把注意力放在哪里？"

空手道高手指着最下面那块木板的中心："这里，把你所有的注意力都集中到这里，你想要达到的地方，这样，木板对于你就不再是一个障碍了。"说着，空手道高手右手一扬，又劈开了那叠木板。

[心灵捕手]……

蛇打七寸

是的，想要劈开一整叠木板，怎么能将着力点仅仅放在上方的木板上呢？那样，你的掌力就达不到下面那些木板上了，所以，我们应把着力点放在木板的下方。这就好比是打蛇打七寸一样。空手道高手的一席话值得我们细细品味，它和张良献给刘邦的计谋一样，都是强调抓住问题的关键。

一般人之所以不成功，也正是因为他们永远将注意力放在了"木板的最上方"，他们的眼中只见到困难、挫折……等等，种种阻碍横在他们的意识中。并非他们不能成功，而是他们统统将注意力放在了自己所不想要的东西之上，换句话说，就是没有抓住关键，抓住重点！

所以说，成功者总是将眼光放在事物的关键位置，并不在意其他的因素或障碍。当他想要解决某个难题或是到达某个目标时，便会集中全力通过所有的障碍，正如手掌劈开层层木板一般，成功地达成所愿。

周亚夫治军细柳营

——— 典出《史记·绛侯周勃世家第二十七》———

汉文帝后元六年，匈奴大规模侵扰汉朝边境。为防御匈奴的侵扰，文帝任命宗正官刘礼为将军，驻军灞上；任命祝兹侯徐厉为将军，驻军棘门；委派河内郡太守周亚夫为将军，驻军细柳。

一天，文帝亲自去慰劳驻军。到了灞上和棘门的军营，文帝都是策马扬鞭，长驱直入，驻地的将军及其属下也都是骑着马进进出出。后来，文帝来到细柳军营，只见官兵都披戴盔甲，手持锐利的兵器，严阵以待。文帝的先行卫队到了营前，被拦在了门外。先行的卫队说："皇上即将驾到，快点把大门打开！"镇守军营的将官则回答："将军有令：'军中只听从将军的命令，不听从皇上的诏令。'我们只能按将军的旨意行事。"

没过多久，文帝驾到，也被拦在了军营外。于是，文帝派使者拿了皇帝的凭证去见周亚夫，周亚夫这才传令打开军营大门。大门打开后，守卫营门的官兵对跟从的武官说："将军规定，军营中不准纵马奔驰。"文帝也只好命人放松了缰绳，让马慢慢行走。到了大营，将军周亚夫手持兵器，作揖拱手说："我是盔甲在身的将士，不能跪拜，请允许我以军礼参见。"文帝对周亚夫的军营非常满意。他先检阅了军队，又靠在车前横木上向将士致敬。之后，文帝又向周亚夫致谢，慰劳了一番。

出了细柳军营的大门，许多随行的大臣都深感惊诧。文帝说："这才是真正的将军啊！刚才灞上、棘门的军营，简直像儿戏一样，他们的军营很容易遭受偷袭，将军也很容易成为俘虏。至于周亚夫，匈奴哪敢侵犯他呢？"

[名师讲谈] ······

千百年来，"细柳营"作为中国历史上治军的佳话，一直脍炙人口，广为传颂。唐朝诗人王维在其《观猎》中写道："风劲角弓鸣，将军猎渭城。草枯鹰眼疾，雪尽马蹄轻。忽过新丰市，还归细柳营。回看射雕处，千里暮云平。"后世多以"细柳营"来比喻纪律严明的军营。有史学家认为，细柳营军纪严明，将士持重；也有史学家认为，周亚夫治军严谨，刚正不阿，讲究军令面前人人平等。不错，周亚夫的细柳营是军纪森严、常备不懈，可细想，森严的军纪不正是平时培养良好习惯的结果吗？

同样是驻军，在灞上和棘门两个军营，汉文帝进营时没有受到任何阻挠，可谓长驱直入，其他将士也是骑着马随便进出，一派松松垮垮的样子；而在周亚夫的细柳营，不论是谁都不能随便进出，即使得到"准入证"，也不能"策马扬鞭"。更让人佩服的是，细柳营的官兵都披挂盔甲，手持锐利的兵器，一派严阵以待的架势。可以说，灞上和棘门平时没有养成良好的习惯，所以即使皇帝来了，还是一幅治军不严的景象；而周亚夫的细柳营，平时养成良好的习惯，平时战时一个样，所以呈现出一派严明的景象。细柳营令汉文帝赞叹不已。事实证明，汉文帝没有看错周亚夫。自从周亚夫带兵驻扎在边境后，匈奴再也不敢来侵扰了。

　　说到这里，我们再来看一个经典的故事——孙子吴官教战。孙子替吴王训练众嫔妃，并立下军令，说练兵一定要遵守军令，一旦有人违反军令，便按军法处治。那些嫔妃一到校军场上，就嘻嘻哈哈，东瞅西瞧，并一而再、再而三地违反军规。后来，孙子惩处了两个妃子，众嫔妃终于一丝不苟地操练起来，并且取得了一定的成绩。吴王的嫔妃平时个个身处后宫，没有管束，当然一派松松垮垮的样子。可当她们真正听从指挥，养成良好的习惯后，也能做出一番成绩。

　　所以有人甚至说："习惯养得好，终身受其益；习惯养不好，终身受其累。"

［闲话人生］……

只会转圈的战马　从前，西方有个国家没有马，国王花一大笔钱从别国买来五百匹好马，准备在外敌入侵时保卫国家之用。好马养了很长时间，国家并没有战事，国王就想："养着五百匹马，费去不少食物，饲养也很麻烦，而且并没派上用场。不如蒙上马的眼睛让它们到磨坊去干活，这样它们可以自食其力，免得白用国家经费。"于是，马被拉到磨坊去磨磨。时间一长，这些马就只会转圈了。忽然有一天，邻国出兵入侵，国王下命令：

"把马牵出磨坊，准备战斗！"将士们跨上马，雄赳赳气昂昂，扬鞭策马，准备冲向敌阵。没想到，那些马挨了鞭子，一个个只在原地转圈，哪有冲向敌阵的架势！敌军见了，知道那些马没有什么能耐，立刻出兵进攻，大破国王的军队。

[心灵捕手]……

习惯决定命运

士兵平时不厉兵秣马、积蓄能量，交战时便无力应战，就像灞上和棘门两个军营的将士一样。习惯决定命运，即使你是一匹千里马，如果不好好准备、好好把握，到关键时候其实也只会和一匹普通的马无异。

所以说，好习惯就像是挂在理想之船上的风帆，不管哪个方向吹来的风，都能推动船儿向前！而坏习惯就像是理想之船上的一只小老鼠，它总有一天会把我们的船儿啃穿。养成良好的习惯，对我们做人、做事至关重要。习惯一旦养成，就会成为支配我们人生的一种力量！

曾经有位记者问一位诺贝尔奖获得者："您在哪所大学，学到了您认为最重要的东西？"那位白发苍苍的科学家回答："是在幼儿园，我学到要把自己的东西分给小伙伴，东西要摆放整齐，做错事要及时检讨，仔细观察周围的大自然……"这些都是科学家从小养成的良好习惯。这些习惯陪伴了老科学家的一生，伴着他登上了诺贝尔奖的领奖台。

[品读经典故事] ······

田忌赛马

—— 典出《史记·孙子吴起列传第五》 ——

　　齐国将军田忌非常喜欢赛马。那时候，赛马是最受齐国贵族欢迎的娱乐项目。上至齐王，下至贵族公子，常常以赛马取乐，并以重金赌输赢。一般情况下，赛马比赛共分三场，以各自的上、中、下三等马匹依次进行比赛，胜利者便可赢得全部的赌注。田忌经常与齐王赛马，由于田忌的马比齐王的马跑得慢一点，所以田忌经常失败。

　　在一次赛马会上，田忌的客人孙膑发现，田忌的上、中、下三等马的脚力与齐王的差不了多少，只是田忌的每一等马都比齐王的略逊一筹，所以一比起来，田忌通常是三场皆败。于是孙膑给田忌出主意说："将军，这次您只管下大赌注，我能让您取胜。"田忌相信并答应了他，于是以千金做赌注，邀请齐王与他赛马。齐王欣然答应了田忌的邀请。

　　比赛即将开始，孙膑对田忌说："您现在调换一下马的出场顺序，先用您的下等马对付齐王的上等马，再用您的上等马对付他的中等马，最后用您的中等马对付他的下等马。"比赛开始后，田忌按照孙膑的计策，用自己的下等马与齐王的上等马比赛，先输了一场。第二场，田忌用上等马与齐王的中等马比赛，结果赢了一场；第三场，田忌用他的中等马与齐王的下等马比赛，结果又赢了。最后，田忌以三局两胜的成绩，赢得了千两黄金。

　　齐王迷惑不解，向田忌询问原因。田忌如实回答了齐王，并向齐王推荐了孙膑。此后，齐王经常向孙膑请教兵法，并把他当做老师来看待。孙膑逐渐获得了展示自己非凡的军事才能的机会。

[名师讲谈]……

"田忌赛马"的故事在中国流传很广，长期以来，一直是中国古代智慧的典范之一。这个故事的主角孙膑是战国时期的军事家，曾指挥军队取得了著名的"桂陵之战"、"马陵之战"的成功，著有《孙膑兵法》。后人评价他"道讲刑名勋垂勃海，胸罗兵甲气镇风云"。

在这次赛马比赛中，孙膑之所以能帮田忌转败为胜，关键是采用了"扬长避短"的策略。我们先来看看孙膑是如何扬长避短的。最初，由于齐王每个等级的马都比田忌的马稍微强那么一点儿，比赛的时候又是按马的等级来进行，所以田忌总是以失败告终。孙膑仔细观察两边马的实力以及马的出场顺序以后，建议田忌调换马的出场顺序，以下等马对付齐王的上等马，以上等马对付齐王的中等马，再以中等马对付齐王的下等马。这样一来，虽然田忌每个等级的马都比齐王的马差一点，但是他的马也有自己的优势，就是他的上等马比齐王的中等马要强，他的中等马也比齐王的下等马要强。聪明的孙膑发现了这点，于是他巧妙安排马的出场次序，扬长避短，变劣势为优势，结果转败为胜。

古代行军打仗讲究"制人之术"，"避人之长，攻人之短；见己之所长，蔽己之所短"，也就是扬长避短。而在历史上，许多著名战争确实都是通过扬长避短取得胜利的，如春秋战国时期的城濮之战。公元前632年，晋、楚两国为争夺中原霸权，在城濮（今山东鄄城西南）地区进行了一次决战。在这场战争中，楚军最初在实力上占有绝对的优势，但由于晋军善于"伐谋"、"伐交"，他们在战略上采取扬长避短的方针，针对楚中军较强、左右两翼薄弱的部署态势以及楚军统帅子玉骄傲轻敌、不谙虚实的弱点，采取了先击其侧翼，再攻其中军的作战方针，结果，大获全胜。

任何事物都包含着既对立又统一的两个方面，即优势和劣势。优势和劣势不是绝对的，它们在一定条件下可以相互转化，前提是我们要学会仔细观察，善于分析。

[闲话人生]……

漏水的右桶　一位老农每天都要到较远的地方去挑水。他挑水用的两只桶，左边那只是个好桶，右边那只是个漏桶。他每天挑水回来，左边的水满满的，右边的水沿途洒了一路，到家后还剩下半桶水。显然，这只右桶是个有缺点和不足的桶。

一天，这只右桶感到很自卑，主人每天辛辛苦苦地挑水，它只能带回来半桶水。于是，它忍不住悲哀地对主人说："我觉得很惭愧，因为我一路上漏水，只能担半桶水到家。我要改正自己的缺点和不足，您把我修好吧。"

农夫说："你注意到了吗？在你那一侧的路边开满了花，而另外的一边却没有花。我从一开始就知道你漏水，于是在你那一侧的路边撒了花籽。我们每天在担水回家的路上，你就给它们浇水。两年了，我经常从这路边采摘鲜花来装扮我的家。如果不是因为你的所谓的缺陷，我怎么会有美丽的鲜花来装扮我的家呢？"

重新审视我们的不足

我们每个人就好比那只漏水的桶，各自有着这样或那样的不足。当我们从另一个角度来看时，这些不足恰恰很可能又是别人没有的优点。所以有时候，我们与其花大量时间去改变自己所谓的不足，还不如重新审视自己的不足，想想如何将它们转化为自己的优点。

很多人看过《亮剑》这个电视剧，"亮剑"的主角李云龙是个拥有很多缺点的人，比如性格倔强、固执己见，脾气火爆，等等，但反过来看，这些缺点恰恰有时候又成了优点，性格倔强、固执己见意味着颇有主见、不随波逐流，而脾气火爆的人往往办事果断，雷厉风行。

很多时候，一个人的成功并不在于这个人有多么完美，而在于这个人是否合理地发挥了个人的优势，回避了不足。著名的"木桶原理"认为：盛水的木桶是由许多块木板组成的，木桶的盛水量不是取决于最长的那块木板的高度，而是取决于最短的木板的高度。但就我们个人的特长和缺点来说，我们个人的发展并不是完全如木板的长短一样始终不变。我们需要看到自己的短处，但是不必总想着如何不断增加"短木板的长度"，而应该想到怎样利用"长木板"来弥补"短木板"的不足，然后让我们盛更多的"水"。

孙膑减灶

—— 典出《史记·孙子吴起列传第五》 ——

公元前343年，魏国攻打韩国，韩国向齐国求救。齐国派田忌率军前往，齐军根据军师孙膑的建议，直接进攻魏国的都城大梁（今河南开封）。魏将庞涓得知了这个消息后，马上率领军队撤离韩国，回去救大梁。但是等庞涓赶到时，齐军已通过大梁继续向西进发了。孙膑对田忌说："齐国士兵胆子小是出了名的，韩、赵、魏的兵士英勇善战，一向瞧不起齐国。善于打仗的人应该因势利导。兵书上说，跋涉百里而企图获利的军队会损失上将，跋涉五十里而企图获利的军队只有一半人数能够赶到。"于是，孙膑让齐国军队一进入魏地先安十万口锅灶，第二天减为五万口，第三天又减为三万口。庞涓得知齐军这个情况后非常高兴，说："我知道齐军本来胆怯，进入我国土地才三天，士兵中就有一半以上的人逃走了。"于是他就丢下步兵，只带少量精锐骑兵日夜兼程追赶齐军。

孙膑估计这天晚上魏军应该到达马陵（今河南范县）。马陵道路狭窄，而且四周有很多险要关口，可以设下伏兵。于是他就命人在大树上砍出一块空白的地方，上面写着"庞涓死于此树之下"，然后又派齐军中擅长射箭的士兵带着弓箭埋伏在险要关口的两旁，约定"黑夜中看见火把举起就一齐放箭"。果然不出所料，庞涓在黑夜中来到砍去树皮的大树下，当他见到空白处有字时，就点火去看。还没读完树上的字，齐军的箭就一齐射了出去，魏军顿时乱作一团，兵士四处逃散。庞涓知道败局已定，就拔剑自杀了。齐军乘势追击魏军，俘虏了魏太子申，然后凯旋归国。

[名师讲谈]……

马陵之战是中国古代战争史上最有影响、最为辉煌的经典战例之一。这场战争发生在战国中期，起因是魏攻韩，韩求救于齐，齐遂以田忌为将、孙膑为军师，攻魏救韩，实质是齐、魏两国争夺中原霸权的一场战争。

在这场战争中，齐国杰出的谋略家孙膑创造性地运用和发展了孙子兵法中"避实击虚"、"攻其所必救"、"以虞待不虞者胜"和"致人而不致于人"的战略思想，实施"必攻不守"、"营而离之，并卒而击之"的战略，设计"逐日减灶"示弱之假象，诱敌进入设伏马陵之战场的策略，大败魏军，结果，庞涓自刎，魏太子申被俘。马陵之战，一是体现了孙膑杰出的军事才能，孙膑知道"彼三晋之兵素悍勇而轻齐，齐号为怯"，孙膑也知道对手庞涓骄傲轻敌，求战心切，所以他因势利导，"使齐军入魏地为十万灶，明日为五万灶，又明日为三万灶"，佯装怯战。他"利而诱之，乱而取之，实而备之，

强而避之，怒而挠之，卑而骄之"，结果，庞涓果然轻兵冒进，进入圈套。二是充分展示了孙膑卓越的指挥艺术，"孙子度其行，暮当至马陵"，"料敌计险，必察远近"，表明其对战争规律的把握和驾驭战争的能力均达到了炉火纯青的境地，至今仍令世人津津乐道。

孙膑曾曰："计者，因其势而利导之。"马陵之战的胜利，其实就是因势利导的结果。历史上，许多伟大的军事将领都懂得这个道理。西汉著名大将李广在带领一百多名骑兵误入匈奴领地后，面对大队来势汹汹的匈奴骑兵，李广知道率众逃走必死，索性"以不能示之能"，命令士兵下马，停下来休息。匈奴骑兵看见李广带领的将士如此从容，认为四周一定有伏兵，所以一直不敢贸然行动。最后，李广带领一百多名骑兵安全返回了大营。

世间万事变化莫测，我们要依据客观情况因势利导，化不利因素为有利条件，从而创造出奇迹来。

[闲话人生] ······

聪明的黑斑羚　在一片宽阔的草地上，几只黑斑羚悠闲自在地吃着草。然而此时，距离它们不到一百米的草丛中正有一只成年雄狮紧紧地盯着它们。对即将到来的灾难，黑斑羚却浑然不知。狮子观察了一会儿，找准目标，突然像离弦的箭一般冲向黑斑羚。黑斑羚呢，在这种弱肉强食的恶劣环境中显然也练就了敏感的识别能力。狮子一冲出来，黑斑羚已然惊觉，它们迅速四蹄腾空，飞奔起来。

狮子的奔跑速度明显胜过黑斑羚，它们之间的距离越拉越近。就在这时，意想不到的事发生了。黑斑羚竟放慢了速度，并且蹦跳腾越，姿势优雅，还不时回过头来看看身后追赶的狮子，显得从容淡定。狮子大吃一惊，倏地慢下了脚步，然后悻悻地看着黑斑羚，又追了二三十米，最终放弃了这次猎杀。

[心灵捕手]……

智者若水

在这样危险的时刻，黑斑羚自知跑不过狮子，于是它放慢脚步蹦跳前行，只是想给狮子造成一种强大的心理暗示——我不怕你，现在我不过在与你嬉戏玩耍罢了。当狮子的潜意识里感觉到黑斑羚的无所畏惧时，所有的攻击野心和自信便瞬间受到重创。黑斑羚的智慧就在于它懂得因势利导，从心理上去战胜强大的狮子。

黑斑羚的智慧对我们做事很有启发意义。就像孙膑所说的，"夫解杂乱纷纠者不控拳，救斗者不搏撠。批亢捣虚，形格势禁，则自为解耳。"处理复杂事情时，避开矛盾的尖锐部分，从其虚弱点着手，避重就轻，因势利导，通过使矛盾的形势发生变化来解决矛盾。这就像顺势而流的水一样，遇到高山阻碍，它绕道而行，迂回避让；遇到低洼之地，它顺势而下，一泻千里。

兵无常势，水无常形，我们不仅要做正确的事，还要正确地做事。正确地做事，需要因势利导，讲究方式方法，讲究时机和火候。

［品读经典故事］⋯⋯⋯

王翦破楚

—— 典出《史记·白起王翦列传第十三》 ——

　　战国末期，秦国日益强大，为了实现统一天下的计划，秦始皇决定一举攻下楚国。出兵前，秦始皇问年轻将军李信："我打算攻取楚国，将军估计调用多少人才够？"李信回答说："最多不过二十万人。"秦始皇又问老将王翦，王翦回答说："非得六十万人不可。"秦始皇说："王将军年纪大了，胆子变小了呀！还是李将军果断勇敢，他的估计应该比较合理。"于是秦始皇就派李信带兵二十万攻打楚国，结果，秦军大败。

　　秦始皇听到这个消息，大为震怒。为了挽回败局，他向王翦谢罪，坚持要他领兵。王翦说："若非要用老臣，必给我六十万大军。"秦始皇允诺。于是王翦率六十万秦军伐楚，秦始皇亲自送将军至灞上。王翦出发前向秦始皇讨要许多良田屋宅园地，秦始皇一一答应了。手下人觉得很奇怪，问王翦为什么这么做。王翦回答说："秦王粗暴又不信任人，如今倾尽全国兵力，交付给我，我只有以多请田宅作为子孙基业的方法来稳固自家，打消秦王对我的怀疑。"

　　王翦替代李信前来攻楚，楚军听说王翦集六十万大军前来，也尽发国中兵力以抗秦。王翦大军一至，立即坚壁而守，不肯出战。楚军屡次挑战，秦军始终不出。王翦每日要求士兵休息洗浴，并安排好饭食安抚他们，他意在养精蓄锐，消耗敌军，以待最后殊死一战。不久，王翦打听士兵以什么来娱乐，有人回答说："投掷石头，跳远比赛。"于是王翦发令出兵，结果大破楚军，他又乘胜追击，最后俘虏了楚王，完全灭掉了楚国。

[名师讲谈]······

"困敌之势，不以战。损刚益柔"，这是王翦战胜楚国的方法，这个胜敌之法就是《三十六计》中所说的"以逸待劳"。王翦是秦国的一代名将，他幼习兵法，为将持重，先后率军攻破赵国、燕国、楚国，在秦始皇统一六国的战争过程中立有大功，显示出非凡的军事才能。

我们先来看看在"破楚"过程中，王翦是如何"以逸待劳"的。秦始皇下令攻打楚国，年轻的将领李信只要二十万兵力，而王翦却非要六十万人不可。秦始皇以为王翦年老了不中用了。实际上，秦始皇错看王翦了。王翦并不是胆小怕事，年老不中用，而是他看清了楚国和秦国双方的实力。当时，楚国的实力并不比秦国小多少，秦国要想一举攻下楚国，必须要有足够的兵力。后来，李信被楚军打败以后，秦始皇派给王翦六十万兵力，可王翦并没有立即出战，而是坚壁而守，这又是为什么呢？原来，王翦是在养精蓄锐，以守为攻，意在疲损敌人。王翦当然明白，自己没有十足取胜的把握时，不如不出

手，而让楚军屡次挑衅。楚军挑衅次数很多而又没有取得任何战果，他们不免身心疲惫，士气受挫。这样一来，王翦疲损楚军的目的就达到了。当楚军身心疲惫之时，秦军也休息好、吃好、喝好了，精神也养好了，在这种形势下，王翦下令出兵，转守为攻，一鼓作气灭了楚国。这一战使王翦"名施于后世"，后人说王翦能审时度势，等待最佳时机，即所谓韬光养晦也。

历史上，许多著名战例都是通过"以逸待劳"之法取得胜利的。在齐鲁长勺之战中，当齐军鼓声第一次响起时，齐军的斗志正高昂，曹刿令鲁军不要出击；齐军的鼓声第二次响起时，齐军的士气开始松懈，曹刿还是令鲁军不要出击；等到齐军鼓声第三次响起，齐军的斗志差不多已消耗完了，曹刿让鲁军立刻出击。结果大获全胜。

以逸待劳是"以无招胜有招"，它强调依仗关键性的条件，来对付无穷的变化，以不变应万变。

[**闲话人生**]……

不会飞的蝴蝶　从前，有一个小男孩，他很想知道丑陋的毛毛虫是如何变成美丽的蝴蝶并从蛹里出来的。于是，他来到野外，打算找一个蛹带回家去观察。很快，他在一片花叶下面找到了一个蛹。

过了几天，这个蛹裂开了一条缝，小男孩看见一只蝴蝶在里面挣扎，想弄破蛹壳飞出来。可是，过了很久，蝴蝶仍然没有飞出来，小男孩不忍心见蝴蝶这么辛苦，便用剪刀把蛹剪开了。一会儿，蝴蝶破蛹而出了，可是，因为翅膀不够有力，它根本就飞不起来。

[心灵捕手]……

学会等待

俗话说，瓜熟蒂落，水到渠成，说的是我们做事情要等待合适的时机，时机到了，做起事情来也就容易多了。若时机未到，我们就匆忙应对，很容易适得其反，正所谓"欲速则不达"。就像小男孩用剪刀剪开蛹一样，时机未到就想让蝴蝶飞出来，结果，蝴蝶再也飞不起来了。

蛹化蝶的故事，启示我们做事情不要急于求成，而要积蓄力量等待最佳时机。无论做什么事情，都有最佳时机。在春天来临之前，桃花决不可能盛开。而春天一到，桃花即使遭受风吹雨打，仍然会开出美丽的花朵。在时机尚未成熟之时，无论你怎样着急，事情也不会成功。而时机一到，我们只要果敢地抓住，利用一切条件努力，就会达成所愿。

地中海东岸沙漠里繁衍着一种蒲公英。那里的蒲公英跟别处的蒲公英不同，它们不是按季节来舒展自己的生命。如果没有雨，它们一生一世都不开花。但是只要有一场小雨，不论这场雨在什么时候落下，它们都会抓住这一难得的机会，迅速开出花朵，并在雨水被蒸发干之前，做完受粉、结子、播种等所有的事情。

我们每个人，一旦拥有了沙漠蒲公英的品性，默默积蓄力量，默默等待时机，牢牢抓住机会，那么生命就会尽情绽放。

乐毅伐齐

—— 典出《史记·乐毅列传第二十》 ——

乐毅,战国后期著名的军事家,中山灵寿(今河北灵寿西北)人,拜燕国上将军,为燕昭王的股肱之臣。

当时,齐国非常强大,诸侯各国都背弃秦国,臣服于齐。齐湣王因此骄矜自满,他对内失信于人民,对外结怨于诸侯。燕昭王认为齐国政治局势不稳,可以兴师伐齐,遂问计于乐毅。乐毅回答:"齐国有霸主的残余基业,地广人多,且齐人熟习兵法,善于攻战。对于这样一个大国,虽有内困外患,但仅有我们一国去攻打它,恐怕很难取胜。如果大王一定要攻伐齐国,必须联合楚、魏、赵、韩诸国,使齐国陷于孤立的被动地位,方可制胜。"

燕昭王接受了乐毅的建议,便派乐毅同赵惠文王订立盟约,并请赵惠文王以伐齐之利游说秦王,予以援助。燕昭王又派剧辛为使者分别到楚国和魏国联络攻齐。当时各国都厌恶齐湣王的骄横残暴,听说联兵伐齐,均表赞同。乐毅返燕后,燕昭王任命乐毅为上将军,率全国之兵会同赵、楚、韩、魏、秦五国之兵兴师伐齐。齐湣王闻报,亲率齐军主力迎于济水(今山东济南西北)之西。两军相遇,乐毅亲临前敌,率五国联军向齐军发起猛攻。齐湣王大败,率残军逃回齐国都城临淄。至此,其他诸侯国军队回国,乐毅亲率燕军乘胜追击齐军至齐都临淄。齐湣王见都城临淄孤城难守,遂率少数臣僚逃往莒城(今山东莒县)。

[**名师讲谈**]······

荀子曰："登高而招，臂非加长也，而见者远；顺风而呼，声非加疾也，而闻者彰。假舆马者，非利足也，而致千里；假舟楫者，非能水也，而绝江河。君子生非异也，善假于物也。"燕国名将乐毅讨伐强齐取得成功，就是"善假于物"的结果。

在兵家辈出的战国时代，乐毅无疑是其中最出色的一个。乐毅不仅是一位杰出的军事统帅，而且还是一位清醒的政治家。乐毅辅佐的燕国，原是战国七雄的弱者，经常遭到秦、齐等大国的欺凌。燕昭王继位以后，招贤纳士，发愤图强，决心报仇雪耻。当时机成熟，燕昭王打算有所作为时，乐毅客观冷静地分析了时局，提出了由弱变强进而战胜齐国的策略方针，即联合其他几个国家共同进兵，"举天下而图之"。燕昭王采纳了他的建议，积极开展"伐交"活动，并取得了预期的理想效果，很快形成了联合攻齐的格局。不仅赵、韩、魏答应出兵，连秦国也抱着弱齐图霸的目的参与进来。以这样的军事力量来攻齐，不仅充满了把握，而且起到了事半功倍的效果。在乐毅的一生中，最主要的军事实践活动就是统帅燕、韩、秦、赵、魏五国联军攻破齐国，大获全胜。这场战争，史称五国伐齐之役。乐毅的卓越军事才能也在这场战役中得到发挥。

乐毅借韩、秦、赵、魏几国兵力实现"破齐"计划，而三国时期的刘备也是借他人之力的高手。赤壁之战前夕，刘备听从诸葛亮的计谋，联合孙权的力量打败曹操，奠定了三分天下的局面；赤壁之战后，刘备又借益州刘璋集团的势力，完成了占领蜀地的计划。

《诗经》有云："他山之石，可以攻玉。"原意是：别的山上的石头，能够用来琢磨玉器，后来比喻别国的贤才可以为本国效力，也可以指借助别的力量为我所用。

[闲话人生]……

用上所有的力量　周末上午，一个小男孩在他家院子里的玩具沙箱里玩耍。在松软的沙堆上修筑公路和隧道时，他在沙箱的中部发现了一块巨大的岩石。小家伙开始挖掘岩石周围的沙子，企图把石头从泥沙中弄出来。岩石相当大，小男孩用手推，用肩挤，一次又一次地向岩石发起冲击。可是，每当他刚刚觉得取得了一些进展的时候，岩石便滑脱了，重新掉进了沙箱。小男孩气得直哼哼，他使出吃奶的力气猛推猛挤。但是，他得到的回报是岩石再次滚落下来并砸伤了他的手指。最后，他伤心地哭了起来。这整个的过程，男孩的父亲从二楼的窗户里看得一清二楚。当泪珠流过孩子的脸庞时，父亲来到了他跟前，温和地说："儿子，你为什么不用上所有的力量呢？""爸爸，我已经用尽了我所有的力量！""不，儿子，"父亲亲切地纠正道，"你并没有用上所有的力量，你没有请求我的帮助。"说完，父亲弯下腰，抱起岩石，将岩石搬出了沙箱。

[心灵捕手]……

善"借"

古人云："物固莫不有长，莫不有短。人亦然。故善学者，假人之长以补己短。故假人者遂有天下。"搬动一块大岩石，对小男孩来说，是一个难题，但对他爸爸来说却是轻而易举的。很多时候，我们也和小男孩一样，忘记用上所有的力量。记住，他人的力量也可以借作我们的力量，我们可以借力而行。

俗话说，"众人拾柴火焰高"，"好花需有绿叶扶"，"好汉需有朋友帮"。人生最大的智慧莫过于善借他人智慧，博采众长。战国四君子之所以名扬天下，是因为他们懂得"借"的道理。他们个个养很多食客，食客人人有特殊的才能，一旦他们遇到困难，食客们就出谋划策。他们这是"借"食客的智慧而保全自己。

在现实生活中，一己之力总是有限的，所以我们要善"借"，从有形的事物、金钱、人力到无形的时势、机会、思想、智慧，我们都可以借。"借"是一种智慧，聪明的人往往善于借助稍纵即逝的时机，借助错综复杂的局势，借用一切可以借用的力量。🔲

[品读经典故事]⋯⋯

张骞出使西域

—— 典出《史记·大宛列传第六十三》 ——

公元前139年，张骞受汉武帝之命率人前往西域，联合大月氏夹击匈奴。在路过匈奴地界的途中，张骞等人被匈奴人所俘。在被扣留的十余年里，张骞始终没有忘记自己的使命。后来，张骞逃离匈奴，西行至大宛，经康居，抵达大月氏。可此时的大月氏人不想和匈奴人作战。张骞只好返回汉土。他虽未完成与大月氏结盟夹击匈奴的使命，但却获得了有关西域各国的信息。公元前119年，汉王朝为了联络乌孙，断"匈奴右臂"，派张骞再次出使西域。这次，张骞带了三百多人，顺利地到达了乌孙，但由于乌孙内乱，未能实现结盟的目的。张骞又派副使访问了康居、大宛、大月氏、大夏、安息（今伊朗）、身毒（今印度）等国家。此后一年多时间，张骞带去西域的副使陆续回到长安，与他们同行的还有西域一些国家的使者。这样，汉朝与西域一些国家就开始了友好往来。

[名师讲谈]⋯⋯

在中国历史上，"张骞出使西域"的故事广为流传，张骞本人也受到了人们的广泛赞扬。唐代诗人杜甫有诗云："闻道寻源使，从此天路回。牵牛去几许？宛马至今来。"诗中的"寻源使"就是指西汉的张骞，该诗歌颂了张骞对开通我国与西域各国的友好往来做出了巨大的贡献。

　　张骞，西汉汉中成固（今陕西城固）人，汉武帝时在朝廷担任小官。西汉自建国起到汉武帝初期，北方一直面临强大的游牧民族——匈奴的威胁。汉武帝时，历经汉初"文景之治"，国力逐渐强盛起来。凭借雄厚的国力财力，汉武帝把反击匈奴的侵扰提上了日程。一个偶然的机会，汉武帝得知西域有个名叫大月氏的游牧民族曾遭受匈奴的欺凌，时刻准备向匈奴复仇，于是定下联合大月氏夹击匈奴的计策。当汉武帝下达"募能使者"的诏令后，年轻的张骞满怀抱负，挺身应诏，毅然挑起国家和民族的重任，勇敢地走上了征途。当时，西域地区，气候干燥，地广人稀，谁也不知道大月氏国在哪儿，也不知道要走多远，而且西域大部分地区已被匈奴征服。张骞出使西域，无异于冒着生命危险去探路。第一次出使，张骞一行人全部被匈奴人抓住并扣留了十几年。匈奴单于为了打消张骞出使大月氏的念头，进行了种种威逼利诱。但张骞"持汉节不失"，始终没有忘记自己出使西域的使命。后来，张骞历尽千辛万苦逃回长安，带回西域各国的消息，并于公元前119年再次前往西域，打通了中西交流的道路，后世称之为"丝绸之路"。想想，张骞出使西域时，根本没有人知道西域的情况，也没人知道大月氏在哪儿，更何况还有敌国匈奴阻挡在路途中，敢于挑起这个重担，该要多大的勇气啊！

[闲话人生]······

迎向风雨　一位记者采访某位著名的登山专家，问了这样一个问题："如果我们在半山腰，突然遭遇大雨，应该怎么办？"登山专家说："你应该向山顶走。""为什么不往山下跑？山顶风雨不是更大吗？"记者又问。"往山顶走，固然风雨可能更大，却不足以威胁我们的生命。至于向山下跑，看来风雨小些，似乎比较安全，但却可能遇到暴发的山洪而被活活淹死。"登山专家严肃地说，"对于风雨，逃避它，你只有被卷入洪流；迎向它，你却能获得生存！"

[心灵捕手]······

勇气的力量

登山专家的话启示我们，在登山的过程中，要鼓起勇气，勇敢地迎向风雨！同样，对于生活中的风雨，我们也应以无畏的眼光去面对。正视比逃避更为有益。就像西汉张骞排除千难万险、立志向着目标——大月氏前进一样……古往今来，有多少勇敢的人值得我们铭记！我们赞美王昭君，赞美她为了国家和平而敢于远嫁边塞；我们称赞毛遂，称赞不起眼的他敢于从众多人中站出来表现自己……轰轰烈烈的大事需要勇气，日常生活里的小事其实也需要勇气。走一段黑暗的小路需要勇气，坦白承认错误需要勇气，敢于表达不同的声音也需要勇气……勇气是一种精神力量，它能让我们发现"超人"的自己！🖼

◉ 在纷繁复杂的人世，要想和谐处世，说起来很难，其实也很简单。如果你能宽容待人、肯站在对方的立场上看问题、懂得尊重他人、做事会留余地、愿意忍耐……那么事情就变得简单多了！

◉ 当官吏要严惩杀死马匹的乡下人时，秦穆公"不以畜产害人"，坚持放人一马，后来遇险时因得到这些乡下人的拼死救助而脱身，可见，对人宽容便是善待自己；当秦晋联合围攻郑国时，烛之武站在秦国的立场上分析利害得失，最终使秦穆公放弃了"亡郑"的想法；晏子知道越石父的想法后，改怠慢为尊重，待其为上宾，结果也赢得了越石父的爱戴；商鞅严酷地推行新法，得罪了全国人民，结果落得可悲的下场，启示我们"经人处世，且留一步与人行"……透过这些历史事件和历史人物的命运，我们可以领略一些处世哲理，以便能和谐处世！

舜帝惩恶扬善

—— 典出《史记·五帝本纪第一》 ——

从前，华夏祖先高阳氏一族有八个德才兼备的儿子，世人因他们而获利，称他们为"八恺"。高辛氏一族也有八个德才兼备的儿子，世人称他们为"八元"。这十六个部族，世代继承其先辈的美德，没有毁坏他们的名誉。帝尧执政时期，没有任用"八元"、"八恺"。舜执政时任用"八恺"部族的后人，让他们掌管土地、管理各种事务，没有不按照时节依次进行的；任用"八元"部族的后人管教化，让他们到四方诸侯国传播五种伦理道德，结果，为父正义，为母慈爱，为兄友爱，为弟恭敬，为子孝顺，家庭融洽，社会祥和，夷狄有所教化。

当时，黄帝部落的一支后裔帝鸿氏有个不成才的儿子，他丧失义理，包庇贼凶，逞凶作恶，人们都称他为"浑沌"。东夷部落的少皞氏有个不成才的儿子，他毫无仁义，专做害人之事，毁坏信义，憎恨忠直，说话满嘴都是恶毒的话，人们都称他为"穷奇"。颛顼氏有个不成才的儿子，他冥顽不灵，无法教化驯服，分不清话语的好坏，人们称他为"梼杌"。这三个部族世代如此，危害百姓，百姓都非常害怕他们。帝尧在位时，没有能够除掉他们这些祸患。后来，黄帝部落另一支后裔缙云氏也出了一个不成才的儿子，他贪恋酒食，抢占财物，人们称他为"饕餮"。天下的老百姓十分憎恶他，将他与上面所说的三个凶族并列。舜在位时，顺应民心，将"浑沌"、"穷奇"、"梼杌"、"饕餮"四个凶族分别流放到四方边远地带，用他们来抵御更加凶残的怪物，从那以后，天下太平，再也没有恶人了。

[名师讲谈]······

　　惩恶扬善是中华民族的传统伦理道德。自古以来，有关嫉恶如仇、惩恶扬善的故事不仅深受人们喜爱，还广为流传。这里讲的就是舜帝如何惩恶扬善的故事。

　　舜，历来与尧、禹并称为远古时期的贤王，被后世人标榜为古代帝王的楷模。相比于尧，舜做了几件重大的事情，那就是"惩恶扬善"。"八元"、"八恺"早有贤名，但尧未能任用。舜帝执政后，"举八恺，使主后土，以揆百事"，"举八元，使布五教于四方"。结果，收到了非常好的效果，"八恺"把百事都管理得好好的，"八元"在父、母、兄、弟、子之间树立了伦理道德典范，最后，家庭融洽，天下太平。除了"扬善"以外，舜帝还"惩恶"。当时，"混沌"、"穷奇"、"梼杌"、"饕餮"为"四凶族"，虽然恶名昭彰，可尧帝未能处置，舜帝则将"四凶族"流放到边远蛮荒之地，使他们不能再作恶。舜帝让"善"有"善报"，"恶"有"恶报"，所以得到老百姓的爱戴。

在我国老百姓的心中，还有一位惩恶扬善的典范，即北宋铁面无私的清官——包拯。包拯人称包青天，他心系老百姓，不畏权势，不畏强暴，不论是皇亲国戚还是至亲骨肉，他都善恶分明，秉公对待。只要是善良的，他就要弘扬；只要是邪恶的，他就要惩罚。为此，他查明了几多冤狱，惩治了几多豪强。后世撰写对联称赞他："正气塞乾坤，事属公私需有别；丹心照日月，人归善恶自分明。"

历史告诉我们：凡是善良的，都会被铭记；凡是丑恶的，人们都不齿。

[闲话人生]……

可怜的小鸟 从前，有只小鸟遇到了暴风雪，飞着飞着，身体冻僵了，掉在了地上，生命垂危。

这时，走过来一头牛，庞大的身躯掠过小鸟的头顶。可怜的小鸟睁着惺忪的眼睛，心想一定要被牛踩死了。就在这个时候，牛摇了摇尾巴，掉下来一大堆牛粪，正好盖在小鸟的身上。小鸟很生气："该死的老牛，竟然这样侮辱我。"可是，渐渐地，小鸟觉得身子暖和了，温暖的牛粪裹着小鸟的身躯，小鸟竟奇迹般地从牛粪里站了起来。

正在小鸟懊恼怎样抖掉自己羽毛上的牛粪时，一只狼走了过来。狼顾不上又脏又臭的牛粪，把小鸟捞了出来，还带小鸟去洗了个澡。小鸟对老狼感激地说："是你把我从牛粪里解救出来的，谢谢你。"可就在这时，老狼张开大嘴巴，把小鸟吃掉了。

[心灵捕手]······

分清善恶，辨明是非

可悲啊！小鸟到死都还没来得及明白，其实真正救它于危难之中的，恰恰是老牛那一堆虽又脏又臭但却很温暖的牛粪。而表面上施恩于它、让它心存感激的老狼却是那么心怀不轨。

我们人类有时候也会和可怜的小鸟一样，分不清善恶是非。东郭先生把花言巧语的狼从危难之中救出来以后，狼马上忘恩负义，要把这位救命恩人吃掉。像东郭先生那样仁慈善良没有错，但决不能像他那样将仁慈善良施予狡猾的恶狼。因此，我们不得不分清善恶，辨明是非。

那么，我们怎样才能分清是非、辨明善恶呢？首先，我们要确立一个正确的立场；其次，保持一个清醒的头脑，不能因为一点得失而失去判断能力；再次，要注意观察，辨明事物的真相，分清背后的原因，不能被表象迷惑。我们只有站在正确的立场上，认清事实真相，胸中有数，才能分清善恶，辨明是非。🅰

秦穆公失马得士

—— 典出《史记·秦本纪第五》 ——

秦穆公，春秋时期秦国的国君，公元前659年至公元前621年在位，为春秋五霸之一。

一次，秦穆公丢失了一匹良马，马被生活在岐山脚下的三百多个乡下人捉得。这些乡下人把马杀了分着吃了。官吏抓住这些乡下人，准备依法严惩。穆公说："君子不因为牲畜而伤害他人。我听说吃良马肉而不喝酒会伤身体。"于是穆公赐酒给吃过马肉的乡下人，并赦免了他们的罪过。

一年后，秦国和晋国发生战争。秦穆公亲自出战，晋国大将率众围住秦穆公的军队，情况万分紧急。这时，西南方向上旋风般地卷过一队人马，个个手持利刃大斧，见人便砍。晋军支撑不住，便如潮水般地退下，秦军反败为胜，还俘虏了晋惠公。秦穆公惊喜之余，派人去查，原来这队人马正是当年那些偷杀了他的良马的乡下人。

[名师讲谈]……

有道是：海纳百川，有容乃大。大海能容纳成百上千条小河流，才变得那么宽广深邃。我们做人也要像大海那样，宽容大度，方能成大器。

读罢故事，我们不由得感叹秦穆公确实是一个很宽容的人。自己的好马被人杀死吃掉了，这对谁来说都很痛心，也很恼怒，恨不得严惩吃马肉的人。然而值得敬佩的是，当官吏要处置吃马肉的人时，秦穆公却让他们放人一马，说"君子不以畜产害人"。后来，秦穆公想到那些乡下人吃了马肉，很可能没有喝酒，那样会伤身体，又赶紧赐酒给乡下人喝。

　　宽容待人不易，而宽容对待伤害过自己的人更不易。无独有偶，类似的事情也曾发生在楚庄王身上。一日，楚庄王与群臣一起饮酒，日暮酒酣，左右皆醉。忽然吹过一阵晚风，殿上的火烛全都熄灭了。这时有人趁机去拉王后的衣服，王后反手扯断了他的冠缨，并要求楚庄王查办这个无礼之辈。楚庄王听了哈哈一笑，立即下令道："今日宴会，务须尽欢。请大家都扯下冠缨，痛痛快快地喝！"待火烛重新点燃后，在场者头上的冠缨一律都不见了。于是，他们推杯换盏，直喝得杯盘狼藉，主客相枕而卧。这次宴会遂号为"绝缨宴"。宴后不久，吴国与楚国交战，有一楚将五次攻陷敌阵，所向披靡，为楚国的胜利立下了卓著功勋。战后，楚庄王奇怪地问："我平日并未给过你什么特殊的好处，你为什么这样替我卖力呢？"此将回禀说："我就是那个被王后扯断了冠缨的人啊！"

在我国悠久的历史长河中，有关宽容的故事比比皆是，比如，"六尺巷"的来历。话说清代宰相张英和叶侍郎毗邻而居，叶家修院墙占了张家三尺地面，张老夫人为此修书给京城的张英。张英以诗回复老夫人："千里修书只为墙，让他三尺又何妨。万里长城今犹在，不见当年秦始皇。"张老夫人接到信后，立即令家丁将院墙让出三尺。叶家甚感惭愧，也将院墙让出三尺。

"将军额上可跑马，宰相肚里能撑船。"这些流传千古的故事告诉我们：对别人宽容，其实就是善待自己。宽容的人会使自己的路子越走越宽，而心胸狭窄只会人为地缩小自己的出路！

[闲话人生]……

快去多穿一件衣服 古代有位老禅师，一天晚上在禅院里散步，忽然看见墙角有一把椅子，便知禅寺里有人违犯寺规越墙出去了。他没有声张，走到墙边，移开椅子，就地而蹲。

没过多久，果真有一个小和尚越墙而来，黑暗中踩着老禅师的背跳进了院子。当小和尚双脚着地时，才发现刚才踩的不是椅子，而是自己的师傅。小和尚顿时惊慌失措，张口结舌。

但出乎小和尚意料的是，师傅并没有厉声责备他，只是平静地说："夜深天凉，快去多穿一件衣服。"小和尚感激涕零，回去后告诉其他师兄弟，此后再也没有人夜里越墙出去闲逛了。

宽容待人

故事里的老禅师看见小和尚违反寺规，没有大声张扬，没有严厉批评，只有关心和爱护。小和尚犯了规，还踩着禅师的背跳进了院子，心里肯定惴惴不安，就等着挨批，没想到结果竟然是这样……老禅师的宽容感化了小和尚，也感染了其他出家人；秦穆公的宽容让他赢得了人心，挽救了自己珍贵的生命……

宽容是人与人之间必不可少的润滑剂，可以消除误解、驱散怨恨；宽容就像早晨起床时的一缕阳光，能够温暖我们的心灵，营造轻松美妙的氛围；宽容就像早春的一丝细雨，能滋润我们的心田，让它萌生出美好的情谊。

对我们来说，宽容是一种幸福，我们宽容对待别人，不但给了别人机会，也得到了别人的信任和尊敬；宽容是一笔财富，当我们将它施予别人时，随着时间的推移，它会慢慢升值；宽容是一种力量，当我们掌握并动用这种力量的时候，我们便会变得自信和强大。

曾经有位部门经理在一次外出时将装有公司印章的手提包丢失。当她很内疚又很担心地站在总经理面前讲完所发生的事情后，总经理笑道："我再送你一只手提包，好吗？你以前的工作一直很出色，公司早就想对你有所表示，但一直没有机会。现在机会来了。"总经理以宽容的态度处理完这件事，让部门经理感激不尽，后来任凭其他公司用多么优厚的条件聘请她，她都不为所动。

每个人都会犯错，面对错误，宽容比苛责和批评更能让人悔悟。🔲

[品读经典故事]······

秦晋崤之战

—— 典出《史记·秦本纪第五》 ——

公元前628年，秦穆公打算派兵突袭郑国，秦国重臣蹇叔和百里奚劝阻说："从秦国到郑国，要经过晋国等诸侯国，有上千里路。我们带着大军千里迢迢去突袭，根本不可能不被郑国发现。就算到了郑国，我军那时也已经人困马乏，十分疲惫，根本不利于战斗啊。望大王三思而后行！"秦穆公一心想灭了郑国，根本听不进蹇叔和百里奚的劝告，于是他任命百里奚的儿子孟明视和蹇叔的两个儿子为主将，带领秦国的精锐部队去袭击郑国。进军途中，孟明视他们得知郑国已经做好防御准备，便转而攻打晋国。但他们哪里知道，晋军已经在崤山布下埋伏，只等他们到来。秦军一进崤山，就被晋军团团围住。最后，孟明视和蹇叔的两个儿子全被俘了。后来，秦国经过多方努力，晋国才同意把他们三人放回去。这时，大臣们都劝秦穆公追究孟明视的责任，但秦穆公不同意，反而穿着丧服亲自到城外迎接他们。见到孟明视他们，秦穆公自责说："都怪我没有听从百里奚和蹇叔的话，害你们出兵受到了侮辱。你们什么过错也没有，都是我一个人的错！"得到秦穆公的谅解，孟明视等人十分感激，他们带着士兵加紧操练，一心一意要为秦国报仇。公元前624年，孟明视再次率军攻打晋国，取得了重大胜利。秦穆公听到秦军取胜的消息后，亲自来到崤山战场，为当年战死的秦国士兵发丧。秦穆公流着眼泪，对全体将士说："我以前没听老人的话，以致失败。对此，将军们没有任何过错，责任全在我。今天我来到这里，是为了反省自己的错误，让后人记住我的过失！"

[**名师讲谈**]······

　　崤之战是春秋战争史上的一次重大战役，《左传》、《尚书》、《史记》等重要的古籍都有记载。当时，秦国为了争夺中原霸权，不惜孤军深入，千里远袭，在崤山与晋军遭遇，结果遭到了前所未有的失败。按照一些大臣的建议，秦军吃了败仗后，秦穆公完全可以为保帝王之尊严，而将罪过加于领兵的孟明视和蹇叔的两个儿子西乞术、白乙丙的头上。但至败军归国时，秦穆公却出乎众人所料地穿着丧服，亲自来到郊外迎接他们。他非但没有怪罪他们，反而展开自我批评。由此看来，秦穆公是个敢于道歉、善于道歉的君主。

　　我们知道，从某种意义上来说，道歉是对自己的一种否定，或者说承认自己的过错。这需要极大的勇气。虽说秦穆公置百里奚和蹇叔的劝阻于不顾，仍然决计要出师，最后导致"师败于崤"的悲惨结局，但在"刑不上大夫"、"皇权至上"的专制时代，在人们的心目中，这决不是穆公的错。由此，即使秦穆公把"崤之战败"的罪责迁加于孟明视、西乞术和白乙丙身上，也不会引来非议。但秦穆公敢于正视自己的错误，在三军将士和天下人面前主动做自我批评，可以说，他是一个英明的国君！说秦穆公"善于道歉"，是指秦穆公能根据当时的状况和形势，做出"道歉"这一举动。其实，"劳师袭远"、"攻之不克"、"勤民败师"的崤之战就是因为秦穆公不听百里奚和蹇叔的奉劝所致，如果秦穆公不肯担起这份责任而怪罪于孟明视他们三人，他们三人也无非是"就戮逞志"而没有其他办法。但这样一来，国家不仅受辱，而且损失几个大将，于人不利，于国也不利。更重要的是，从此以后，谁还愿意奔命沙场呢？于是，秦穆公恰到好处地充当好汉，负起了这个重大责任。

秦穆公向三军将士道歉，表面上折损了君王无上的权威，但实际上他所得到的远胜过失去的。通过自我批评，穆公得到了三军和众臣属的心。这也正是他能够成就霸业的原因之一。

[闲话人生]……

都是我的错　在一个深山老林里，有两座相距不远的寺庙。甲庙的和尚经常吵架，人人满腹怨气，生活痛苦；乙庙的和尚一团和气，个个笑容满面，生活快乐。甲庙的主持看到乙庙的和尚们总能和睦相处，心里非常羡慕，便特地来到乙庙，向一个小和尚讨教奥妙。甲庙的主持问："你们是用什么好方法使庙里一直保持和谐愉快的气氛呢？"小和尚不假思索地回答说："因为我们经常做错事。"正当主持疑惑不解时，忽见一个和尚匆匆从外面回来，走进大殿时不小心摔了一跤。这时，在一旁拖地的和尚立刻跑过来，一边扶起他一边道歉说："真对不起，都是我的错，我把地拖得太湿，让你摔着了。"站在大门口的和尚也跑过来，说："不，不，都是我的错，没有提醒你大殿里正在拖地，要

小心点。"摔跤的和尚没有半句怨言,只是自责地说:
"不,不,都是我的错,是我自己太不小心了。"甲庙
的主持看到这一幕,恍然大悟,终于明白乙庙和尚和
睦相处的奥妙所在。

[心灵捕手]……

敢于批评自己

可以说,故事里的三个和尚都没什么过错,因为拖地的和尚只有
把地弄湿了才能拖地,门口的和尚并没有提醒别人小心走路的职责,而
摔跤的和尚确实没料到地下那么湿滑。出了事后,他们三个人都纷纷责
怪自己,从自己身上找原因。一个团体,如果成员们都像这些个和尚一
样,敢于自我批评,勇于承担责任,那还有什么解决不了的问题呢?

很多时候,我们经常听到这样的话:"都怪某某……"、"这可
不关我的事……"、"那是他的事……"、"这个责任不在我……"。
暂且不说是谁的责任,但说话人的态度实在应该改进。总之,事情出来
了,这个事情不是某个人的事情,而是大家的事情、团体的事情,我们
不要急着推卸责任,而是要先想想自己什么地方做得不到位!如果确实
做错了,就要承认自己的错误,并且尽快改正错误,避免以后再犯。

其实,自我批评既是一种积极的处事态度,也是一种心灵的自我
解脱。它可以带来祥和,也会使人真诚相待。主动自我批评的人既是勇
者,也是智者。一国之君秦穆公尚且放下面子,勇于做自我批评,更何
况我们这些平凡人呢?

烛之武退秦师

—— 典出《史记·晋世家第九》 ——

公元前630年，晋、秦两国联合出兵围攻郑国，他们出兵的理由是：晋文公当年路过郑国时，郑国没有以礼相待。另外，晋、楚城濮之战中，郑国曾出兵帮助楚国攻打晋国。郑文公见形势危急，就召集大臣商议对策。这时，大臣叔瞻站出来说："当初晋文公经过我国的时候，我曾劝您如果不以礼相待，就杀了他，免得留下祸患。现在晋国果然来祸害我国，并且声称是来抓我的。既然如此，就请以我的死来换取两国退兵吧！"说完，叔瞻自杀了。郑文公命人将叔瞻的尸体送到晋军大营，劝他们撤军。晋文公不同意，说："我一定要亲自见到郑文公，当面羞辱他一番才罢休。"郑文公不知所措。这时，大臣佚之狐对郑文公说："大夫烛之武能言善辩，经验老道，如果大王让他去游说秦穆公，应该可以解围。"于是郑文公派人召来烛之武，让他去秦国游说秦穆公。

烛之武来到秦军大营，跟秦穆公分析说："秦晋联军攻打郑国，郑国与秦国隔着一个晋国，秦国要想隔着晋国控制郑国，那不是很困难吗？所以，如果郑国灭亡了，得到好处的却是晋国，而对秦国并没有什么好处。如果大王放弃围攻郑国，郑国愿意做秦国向东道路上的东道主，为秦国过往使者提供住宿和粮食。"秦穆公觉得这个条件不错，便撤军回国了。晋军失去了秦国的支援，不久也撤离了郑国。

[**名师讲谈**]······

　　春秋战国时期，各诸侯国人才辈出，有善于征战的，有善于谋划的，还有善于言辞的，等等。烛之武便是善于言辞的人，这一点我们可以从"退秦师"这一故事中看出。秦晋大军兵临城下，郑国危如累卵。于此危难之际，烛之武不费一兵一卒、不动一刀一枪，只动动嘴巴，就劝说秦穆公撤兵，导致秦晋盟散约毁，从而挽救了郑国。那么，烛之武是如何做到这一切的呢？简单地说，那就是站在对方的立场上考虑问题，晓之以利害。

　　秦晋联合围攻郑国，以"其无礼於文公亡过时，及城濮时郑助楚"为借口，实质是晋国想通过这次行动，扩大自己的实力和影响，为取得霸主地位创造条件。晋文公明白这一点，秦穆公也明白这一点，烛之武当然也明白这一点。此外，烛之武还明白秦穆公同样有称霸中原的打算。所以，秦晋的军事联盟并不是牢不可破。于是，烛之武也明白了自己该如何劝说秦穆公撤兵。首先，烛之武站在秦国的立场上，迅速博得了秦穆公的好感，为进一步说服他提供了可能；其

次，烛之武反复陈述"秦晋围郑"对秦国的利害得失，"亡郑厚晋，於晋得矣，而秦未为利"，动摇秦穆公围攻郑国的决心；最后，烛之武以利益诱惑秦穆公，他对秦穆公说："君何不解郑，得为东道交？"进一步使秦舍弊求利，放弃原来的打算。《左传》详细记载了"烛之武退秦师"这一事件，根据《左传》的记载分析，烛之武除了设己为人、陈述利害、诱之以利外，还指出晋国的贪婪将威胁到秦国的发展，以及过去晋国对秦国的背叛。春秋争霸，弱肉强食，秦穆公不得不为烛之武的话所动。"亡郑"对秦无利而有害，"存郑"对秦有利而无弊，两相比较，秦当然该舍"亡郑"而取"存郑"了。

烛之武等能人在世的春秋战国时代早已过去了，但烛之武的做事方法、说话艺术值得我们深思和学习。我们要想与人和谐相处，是否也应学着站在对方的立场上去考虑问题呢？

[闲话人生] ……

从篱笆上的木牌说起 法国著名女高音歌唱家玛·迪梅普莱有个美丽的私家园林。一到周末，总有人到她的园林里摘花、打猎，有的甚至搭起帐篷，在草地上野营，把好好的一个园子弄得一片狼藉。

管家曾让人在园林四周围上篱笆，并竖起"私人园林禁止入内"的木牌，但无济于事。园林依然不断遭践踏、破坏。于是，管家向主人请示。

迪梅普莱听了管家的汇报，让管家做了一块大木牌，竖立在路口，木牌上醒目地写着："如果在园中被毒蛇咬伤，最近的医院距此有15千米，驾车约半小时即可抵达。"从此，再也没有人闯进她的园林。

[**心灵捕手**] ……

换位思考

同样是竖木牌，为什么"私人园林禁止入内"的木牌毫无效果，而"如果在园中被毒蛇咬伤……"就有如此神奇的功效呢？细细分析木牌上的两句话，我们可以发现，前者是站在自己的立场上替自己说话，而后者却是站在游玩者的立场上替他们着想，所以，后者取得显著效果便是很好理解的事情了。

我们常说，为人处事要做到换位思考。所谓换位思考，就是站在对方的立场上考虑问题，就像烛之武游说秦穆公那样，不说郑国灭亡了怎么样，而说这件事对秦国会造成什么影响。这些都是秦穆公考虑的问题，现在烛之武来替他思考，把利害关系疏通了，问题自然也就解决了。又比如说，一个人想要创业，他可能只会把焦点放在自己想做什么或能提供什么产品和服务上，但这种思维是不妥当的，其实他更应该思考的是消费者需要什么。

换位思考，可以帮我们把问题看得更全面、更透彻，可以变被动为主动，迅速博得认同。换位思考，可以增进双方的理解，在情感上沟通更顺畅。与家人、朋友相处如此，与竞争对手打交道亦如此。

[品读经典故事]······

一鸣惊人

—— 典出《史记·楚世家第十》 ——

春秋时期，楚庄王登上王位三年，从来不理朝政，每日不是出宫打猎游玩，就是在后宫里与妃子们饮酒作乐。他还通令全国："有敢向我提意见的，立即斩首，决不宽容！"

一日，一个名叫伍举的小官不顾禁令，入宫劝谏庄王。庄王左抱郑姬，右抱越女，坐在钟鼓之间，问道："你是来喝酒的还是来听音乐的呢？"伍举回答："我不喝酒，也不听音乐，是来给大王您说一个谜语的。"接着，伍举给楚庄王说了这样一个谜语："楚国山上，有一只大鸟，身披五彩，样子挺神气。可是一停三年，不见其飞，也不见其叫，不知是什么鸟？"楚庄王知道伍举是在讽喻自己，就说："三年不展翅，是在生长羽翼，积蓄力量；三年不鸣叫，是在观察周围的情况。此鸟不飞则已，一旦飞翔起来，就能冲上云霄；不鸣则已，一旦鸣叫起来，那声音一定惊人。我知道你的意思了。"然而，几个月过去了，楚庄王不但没有收敛，反而更加荒淫奢侈了。大夫苏从入宫进谏。庄王问："难道你不知道我的禁令吗？"苏从回答："如果牺牲自己，能使国君清明，那我也就达成所愿了。"于是，庄王停止淫乐，开始整治朝政，杀掉了好几百个不称职的官员，又提拔了好几百个贤才，任命伍举、苏从两位贤臣处理政事。这样一来，楚国万象更新，蓬勃发展起来。楚国人民都很高兴。不久，楚国灭了庸国。过了几年，楚又打败了宋国。此后，鲁、郑、陈等国陆续归顺楚国。楚庄王当上了中原霸主。

[名师讲谈]······

读罢这个故事，有人以为楚庄王的"一鸣惊人"完全是伍举、苏从劝谏的功劳。事实并不是这样的，据一些史料记载分析，楚庄王是一位善于韬光养晦的国君，而"一鸣惊人"正是他慢慢积累力量而后励精图治的结果。

楚庄王在即位之初，楚国内部刚经历一场政变，各派势力纷争，朝中官员虽多，但不知忠奸。除了内部政局不稳，外部强敌虎视眈眈，形势极其不利。在这人心不定、弱肉强食的时代，楚庄王该有怎样的作为呢？无奈之中，他选择了无所作为，目的是静观其变。伍举杜撰谜语"有鸟在于阜，三年不蜚（飞）不鸣，是何鸟也"，这不仅是臣子巧妙的劝谏，也是楚庄王隐忍的写照。而楚庄王回答的谜底"三年不蜚，蜚将冲天；三年不鸣，鸣将惊人"便是他韬光养晦的证词。在这三年中，楚庄王暗暗考察了群臣的忠奸贤愚。他颁布劝谏者死的命令，是为了鉴别哪些是甘冒杀身之险而正直敢言的耿介之士，哪些是只会阿谀奉承、只图升官发财的小人。三年过去，他积累了不少经验，看穿了很多人心。很快，他召集任命了伍举、苏从等一批德才兼备的大臣，处置了大批不称职的官员。从此，这只"三年不鸣"的"大鸟"一鸣惊人。紧接着，楚庄王不仅任用孙叔敖为令尹，大力整顿内政，推行轻徭薄赋，积极鼓励农耕，扩充军备；同时，他还采取"分化瓦解"、"分进合击"的战法，并辅以外交举措，相继攻灭周边小国，增强自己的实力。没过几年，楚国便政通人和，经济繁荣，兵强粮足。面对蓬勃发展的楚国，中原诸侯感到莫大的压力。公元前606年，楚庄王陈兵周都洛邑，问鼎轻重。此番举动意在炫耀楚国实力，也在试探中原诸侯。公元前597年，楚国与当时的霸主国——晋国在邲城会战，大获全胜。至此，楚国实现了"争霸中原"的夙愿，楚庄王也跻身五霸之列。

在春秋五霸中，楚庄王是颇受后人赞誉的一代霸主。楚庄王的"一鸣惊人"启示我们：多多积累力量，等待合适的时机，然后化为"平地惊雷"。

[闲话人生]······

抖落掉生命的泥沙　从前，有个农夫的一匹马不小心掉进一口枯井里。农夫想尽各种办法也没有将马救出来，最后他决定放弃。不过想到这口井留在这里还可能害人，农夫便找来左邻右舍帮忙一起将枯井填平。农夫他们每人拿一把铲子，开始将泥土铲进枯井里。当那匹马了解到自己的处境时，凄惨地鸣叫了一阵。但它很快安静下来了。农夫好奇地看了看井底，眼前的情形令他大吃一惊：当铲进井里的泥土落在马背上时，马将泥土抖落在一旁，然后站到泥土堆上面。就这样，马将大家铲到它身上的泥土全都抖落到井底，然后再站上去，很快，这匹马便上升到井口，然后在众人的惊叹声中快步跑开了。

[心灵捕手]……

成功需要积累

就像那匹马一样，在生命的旅程中，我们难免会陷入"枯井"里，而要想摆脱"枯井"，办法只有一个，那就是不断积累，让自己变得更强！当马将泥沙慢慢垫在脚底下时，它积累了高度。随着高度的增加，它也就可以脱离"枯井"了。楚庄王"不鸣"的三年，其实也是积累的过程，他积累的是经验，是实力。积累到一定阶段，他便可以"一鸣惊人"了。就算不能"一鸣惊人"，至少也可以厚积薄发，取得一定成效。

成功需要积累。荀子曰："不积跬步，无以至千里；不积细流，无以成江河。"积累是治学、立业的基本功。越王勾践"十年教训，十年生聚"，那是积累实力；法国科幻小说家儒勒·凡尔纳坚持每天抄写素材，那是积累知识；世界各国的足球运动员经常比赛，那是积累经验……如果把成功比做终点的话，迈向成功的过程就像是跑道，只有一步一步地跑，一点一点地积累长度，我们才能接近成功的终点。

[品读经典故事]……

范蠡归隐

—————— 典出《史记·越王勾践世家第十一》 ——————

范蠡，春秋末期楚国宛（今河南南阳）人。他才能出众，尽心竭力侍奉越王勾践二十几年，为勾践出谋划策灭掉了吴国，洗雪了会稽之耻。后来，他又辅佐勾践北渡淮河，胁迫齐晋，号令中原各国，尊崇周室，并最终称霸诸侯。范蠡立下汗马功劳，被封为上将军。返回越国后，范蠡认为威名之下，难以安居乐业。同时，他也看出勾践是个能共患难而不能同安乐的人，所以他写信向勾践辞别："我听说，君主有忧，臣子就该分忧，君主受辱，臣子就该死。从前，我之所以不死，是为了报仇雪耻。如今已经洗雪了耻辱，我该受到当初应得的惩罚了。"勾践说："你来和我共享越国吧！不然，我就要惩罚你。"范蠡回信说："君行其法，我行其意。"随后，范蠡带上家人漂洋过海来到齐国。

到齐国后，范蠡更名改姓，自称鸱夷子皮。他们一家人在海边生活劳作，不畏艰苦，努力生产，共同治理产业。没过多久，他们家就积累了几千万财产。齐国人听说范蠡很有才能，就请他做了国相。范蠡叹息说："当百姓能积累千金，当官能做到相国，这是普通老百姓所能达到的顶峰了。我长久地享有盛名，不是一件好事。"于是，他归还了相印，把家产散发给乡亲们，自己只带着一些贵重的珍宝，偷偷离开，来到陶地定居。

范蠡认为，陶地是天下的中心，道路畅通，做生意可以致富。在那里，范蠡自称陶朱公，与其子一起耕种、畜牧，等待时机专卖货物。没过多久，他们就积累了亿万财产。时人凡论天下豪富，无不首推陶朱公。

[名师讲谈] ……

《易经》云："尺蠖之屈，以求伸也；龙蛇之蛰，以存身也。"意思是说，尺蠖用弯曲来求得伸展，龙蛇用蛰伏来保全自己。人们常用这句话来比喻做人应能屈能伸，待时而动。春秋末年的越国重臣范蠡便用他一生的经历实践了这个处世真理。

范蠡出身贫寒，但聪敏睿智、胸藏韬略。他本是楚国人，但在当时贵族专权、政治紊乱的楚国，他不为人所识，因而来到弱小的越国。越王勾践在范蠡的辅佐下，经过"十年生聚，十年教训"的艰难岁月，灭掉吴国，洗雪了当年亡国的耻辱，完成了称霸诸侯的宏图大志。范蠡侍奉越王二十几年，苦心戮力，立下大功，被尊为上将军。当时，范蠡功成名就，在别人看来应好好"享受"一番时，他却选择了悄然离开。因为范蠡素知"大名之下，难以久居"，也明白为人的进退之道，所谓"飞鸟尽，良弓藏；狡兔死，走狗烹"。范蠡临走前，还奉劝同为越王谋臣的文种一起走。文种却不以为然，最后不出范蠡所料，文种被迫自杀而死。范蠡辗转来到齐国，更名换姓为鸱

夷子皮，带领家人在海边垦荒耕作，努力生产，不出几年，就积累了数千万家产。范蠡的才能为齐人所识。齐王让他做了齐国的相国。范蠡感叹自己长期身居高位，要时刻警惕！于是他向齐王归还了相印，散尽千万家财给乡亲们，再次隐身而去。这一次，范蠡来到陶（今山东定陶西北），依然隐姓埋名，做起了生意。范蠡通过施展自己的经济才能，很快积累了巨额家产，成为中国历史上商家富豪的第一人——陶朱公。

范蠡的一生，屡次迁徙辞官，屡次积累千金，屡次散尽家财，不仅保全了自己，还留下万世英名。一些史学家评论说，范蠡能上能下，能屈能伸，为官为民，样样都做得很好。为官，能深谋远虑，富国强民；持家，能辛勤劳作，富甲一方。所以，他是能人中的能人。太史公赞之曰："范蠡三迁皆有荣名，名垂后世。臣主若此，欲毋显得乎！"所谓"悠悠千载五湖心"、"安用区区相印为"、"已立平吴霸越功，片帆高扬五湖风。不知战国官荣者，谁似陶朱得始终"，其实都是后世文人借范蠡的故事来抒发自己的羡慕之情的。

[闲话人生] ⋯⋯

东坡的雪松　在一条南北走向的峡谷里，西坡长满了松树、柏树和女贞等，而东坡只有雪松。造成这种景象的原因其实很简单：东坡的雪总是比西坡的雪下得大。当雪堆积到一定程度的时候，雪松那富有弹性的树枝就会向下弯曲，直到积雪从树枝上滑落下来。这样不断地积累，不断地滑落，雪松完好无损。其他的树木因为没有这个本领，所以无法在东坡存活。

[**心灵捕手**]……

生命的弹性

　　面对大风雪，雪松尽力去承受，当承受不了的时候，它就暂时弯曲一下，让沉重的积雪滑落到地上，然后再挺直身体。这是雪松的智慧——能屈能伸，待时而动。正是这种智慧，让雪松能够经受一场场风雪的洗礼，成为东坡那一道靓丽的风景。

　　大自然如此，人生也是如此。范蠡功成名就之际，看出越王能共患难不能同享乐，断然漂洋过海来到齐国，过起了隐姓埋名的生活。在齐国积累起千金，拜为相国后，又辞相归隐，去到陶地……范蠡每次归隐之时虽然都身处高位，但同时也都处于不利的客观形势下。他意识到这一点，因此选择离开。古圣先贤说过："君子能屈能伸。"当客观条件于己有利时，能大展宏图，实现自我；当客观形势于己不利时，能委曲求全，保存实力。

　　我们做人应当像水那样。水无常形，遇到高山险阻，它们就绕山而走，一会儿向左拐弯，一会儿向右拐弯，不断地去适应地形。我们为人处世，在必要的时候弯曲一下，才能在各种社会环境中游刃有余。🔲

胡服骑射

—— 典出《史记·赵世家第十三》 ——

　　赵武灵王在位期间，各诸侯国之间战争频繁。当时，赵国被齐、中山、燕、林胡、楼烦、东胡、秦、韩、魏等国包围着，形势非常不利。面临四周的敌国，赵武灵王决心发愤图强。一次，他对大臣楼缓说："如今，我们东边有齐国、中山国，北边有燕国、东胡，西边有秦国、韩国、楼烦、林胡等。如果我们没有强大的国力，随时都会被人家灭了。我们该怎么办呢？不如我们好好来一番改革，改穿胡人的服装，学习他们打仗的本领！"楼缓听后非常赞成，但有不少大臣反对。赵武灵王又找朝中大臣肥义商量说："我想教老百姓改穿胡服，练习射箭，可是，有人反对，怎么办？"肥义说："服装的改革关系到国家的安危，要办大事就不能犹豫。大王既然认为这样做对国家有利，何必担心有人反对呢？"赵武灵王听了十分高兴，说："我看反对改革的都是些蠢人，明理的人都会赞成我改革的。"

　　第二天，赵武灵王穿着胡人的服装上朝，大臣们议论纷纷，而赵武灵王的叔父赵成更是带头反对服装改革。赵武灵王亲自来到叔父府上，跟他说改穿胡服的好处，最后终于说服了叔父。后来，文官武将看到赵成也穿着胡服来上朝了，自然也就没有什么话可说了。紧接着，赵武灵王又号令士兵学习骑马射箭，不到一年，赵国就训练了一支强大的骑兵队。第二年，赵武灵王亲自率领骑兵队伍打败了邻近的中山国。第三年，中山、林胡、楼烦等都被赵国制伏了。赵国从此兴盛强大起来。

[**名师讲谈**]······

在中华几千年的历史华章里，赵武灵王的"胡服骑射"算得上是辉煌灿烂的一篇。近代史学家梁启超曾评价说："……赵武灵王者，赵之大彼得也。"大彼得即18世纪俄国的彼得一世，彼得一世学习西欧，在国内推行改革，使得俄国社会飞速发展，进入了一个新时代。"骑射胡服思雄才"，这是当代史学家郭沫若游邯郸（曾为赵都城）丛台时写下的歌颂赵武灵王的诗句。后世的人们每每谈及华夏大地的变革先驱时，总不忘提起赵武灵王。如今，"胡服骑射"成了"改革"的代名词。

战国时期，地处北方游牧民族和华夏民族交汇处的赵国，虽以农耕为主，却频繁接触游牧民族的习俗。北方的胡人都是身穿短上衣、长裤，骑马作战，开弓射箭，往来奔跑，动作十分灵活方便。而赵国军队多为步兵和兵车混合编制，虽然武器比胡人精良，但官兵都身穿长袍，外罩甲胄，骑马打仗非常不方便。因此，在与胡人交战时，赵人常常处于不利地位。鉴于这种情况，赵武灵王决心向胡人学习骑马射箭。不过，要学习骑射，首先必须改革宽袖长袍的服饰。于是，赵武灵王下达易服令，让赵国的男人改穿胡人的紧袖短衣和长裤。这一大胆举措对传统的服饰观念形成了巨大的冲击，以致遭到了众多大臣的反对。但赵武灵王却从作战需要出发，以强有力的行政命令终于推广了服饰改革。赵武灵王改革胡服的措施成功以后，他又亲自骑马开弓，并聘请擅长骑射的胡人当教练，训练骑兵队伍，改变原来的军事装备。至此，赵国的国力逐渐强大起来，不但打败了过去经常侵扰赵国的中山国、林胡等，还向北方扩展了上千里疆域，成为当时的"七雄"之一。

赵武灵王"胡服骑射"的施行，使华夏民族建立起能够同游牧民族相抗衡的骑兵，也在世界军事史上创造出农耕民族击败游牧民族的奇迹。所以说，赵武灵王是一位具有雄才大略的国君、政治家和改革家。

[闲话人生]……

猫的智慧　一天，猫妈妈对小猫说："你已经长大了，不能再喝妈妈的奶，而要自己去找东西吃了。"小猫疑惑地看着妈妈，问："妈妈，那我该吃什么呢？"猫妈妈说："你要吃什么食物，妈妈一时也说不清，就用我们祖先留下的方法吧！这几天夜里，你躲在人们的屋顶上、梁柱间、陶罐边，仔细倾听人们的谈话，他们自然会教你的。"第一天晚上，小猫躲在梁柱间，听到一个大人对孩子说："小宝，把鱼和牛

奶放在冰箱里，小猫最爱吃鱼和牛奶了。" 第二天
晚上，小猫躲在陶罐边，听见一个女人对男人说：
"老公，帮个忙，把香肠、腊肉挂在梁上，
别让小猫偷吃了。"就这样，小猫终于
知道自己该吃什么了。

[**心灵捕手**]……

向对手学习

小猫开始不知道自己该吃什么，妈妈让它多听听人们的谈话，从人们的言谈里，小猫知道了自己该吃什么。猫的智慧就是向对手——人类学习。

有人曾说，帮助你成长的往往是你的对手。对手的优势就是我们应该学习的，对手的不足是我们应该避免的，对手的目标就是我们前进的方向……对手就像我们的一面镜子，他们能照出我们自己的不足，让我们做得更好。

战国时代的赵国原先是地处北方的弱小国家，经过赵武灵王的"胡服骑射"，成就了千秋霸业。20世纪60年代，美国的沃尔玛还只是一家小零售商店，后来它学习对手采用货架销售及自助销售后，迅速崛起。我们的邻国日本是最擅长向对手学习的国家。公元7世纪（盛唐时期），日本学习中国的文字、立法、建筑、艺术；德川幕府时期，日本向荷兰学习医学、天文；二战后，日本又开始学习美国文化。

我们向对手学习，是视野问题，是心态问题，也是方法问题。

管鲍之交

—— 典出《史记·管晏列传第二》 ——

管仲和鲍叔同是春秋时期齐国的政治家。管仲名夷吾，颍上（今安徽颍上）人，年轻时和鲍叔有交往。鲍叔知道管仲贤良且有才能，很欣赏他。他们两人曾在南阳（今河南南阳）做生意，管仲因家境贫穷，常常占鲍叔的小便宜。鲍叔知道管仲家有老母需要赡养，因此并不和他计较，也从来不提这件事。

后来，鲍叔侍奉齐国的公子小白，管仲侍奉齐国的公子纠。纠和小白争权夺利，互相敌对。小白继位为齐桓公后，公子纠被杀死了，管仲也被抓了起来。鲍叔了解管仲的才能，就向桓公推荐管仲。于是，管仲被释放，得到任用。管仲被任用后，因为才能出众，不久就当上了齐国的相国。齐国日趋强大，齐桓公因此而称霸，多次会合诸侯号令天下。这些全是管仲的功劳。

管仲说："当初我贫困的时候，曾经同鲍叔一道做买卖，分财利往往自己多得，而鲍叔并不认为我贪财，因为他知道我贫穷。我曾经替鲍叔出主意，结果把事情弄得更糟，而鲍叔不认为我愚笨，而认为这是时运不济。我曾经三次做官又三次被国君罢免，鲍叔不拿我当无能之人看待，他知道我没遇上合适的机会。我曾经三次打仗三次退却，鲍叔不认为我是胆小鬼，他知道我家中还有老母。我被关在深牢中忍辱苟活，鲍叔不认为我无耻，他知道我不会为失小节而羞，却为功名不曾显耀于天下而耻。生我的是父母，了解我的是鲍叔啊！"

[名师讲谈] ······

提起"管鲍之交",人人都不免要羡慕一番。管仲与鲍叔的相互信任与理解,堪称友谊的最高境界。他们之间的深情厚谊,世世代代被传为佳话。西晋哲学家傅玄有诗云:"管鲍不出世,结交安可为。"唐代诗人杜甫在其《贫交行》中写道,"翻手为云覆手雨,纷纷轻薄何须数。君不见管鲍贫时交,此道今人弃如土",歌颂了这流传千古的友谊。

管仲和鲍叔年轻时就是朋友。那时,他们合伙做生意,管仲出很少的本钱,却拿了较多的分红,鲍叔出了很多本钱,却拿了较少的分红。显然,管仲占了鲍叔的便宜呀!可鲍叔却毫不计较,也从来不提这件事。因为他知道,管仲家里还有一个年迈的母亲需要赡养。多么宽容、无私的鲍叔啊!而真正的友谊恰恰就是建立在宽容无私这个基础之上的。今天的我们常常羡慕"管鲍之交",可又有几人看到了、学会了鲍叔的宽容无私呢!当然,管仲是知道的,所以他对鲍叔深怀感激之情,感激鲍叔的信任与理解。

后来，鲍叔追随的公子小白成了齐桓公，鲍叔也成了齐国的重臣，而管仲却因为追随公子纠而被抓了起来。鲍叔知道管仲是个有才之人，于是向齐桓公保荐了他。管仲被任用以后，为齐桓公出了不少好计谋，因而得到重用，后来当了齐国的相国，而鲍叔甘愿做管仲的副手。这不禁让人想起了嫉贤妒能的庞涓，同是朋友，鲍叔和管仲如此信任和友好，而庞涓却处心积虑谋害孙膑。这庞涓真该羞愧而死！作为朋友，鲍叔实在太难得了，可谓管仲的知己。后来管仲自己也说了："生我者父母，知我者鲍子也。"

后世人称赞贤能的管仲，也称赞无私与知人的鲍叔。如果不是鲍叔的慧眼识人、宽容无私，也就不可能有管仲的大展宏图。真正的朋友，就贵在相知，贵在无私，贵在信任！

[闲话人生]……

三只乌龟的故事　从前，有三只乌龟——黑乌龟、红乌龟和蓝乌龟，他们是很要好的朋友，约定在有生之年去看看山顶的景色……这天，三只乌龟各自带上一碗泡面往山上出发了。他们花了十年的时间，终于爬到了山顶。正当他们高高兴兴地拿出泡面，想好好地庆祝一番。结果，悲惨的事情发生了！他们竟然忘了带热水。没有了热腾腾的泡面，岂不扫兴？于是黑乌龟很勇敢地站出来说："那我回去拿好了。"红乌龟和蓝乌龟说："不好吧，路太远了。"黑乌龟说："为了我们的友谊，我愿意！"红乌龟和蓝乌龟说："兄弟，你实在太好了，我们一

定会等你回来一起吃泡面的。"于是黑乌龟出发了。十年过去了……二十年过去了……五十年过去了……这一天,红乌龟和蓝乌龟终于忍不住了。就在他们掀开碗盖那一刻,黑乌龟从大树后面走出来,很生气地说:"我就知道你们两个会背叛我,我已经在这里等了五十年了!"

[心灵捕手]……

多信任和理解朋友

朋友之间贵在信任和理解。作为朋友,黑乌龟、红乌龟和蓝乌龟真应该检讨检讨!他们三个互相猜忌,互不信任,才闹出了这个笑话。我们羡慕管鲍之交,更要看到鲍叔对管仲的信任与理解。世人常常感叹:"人生在世,知己难求。"实际上,世人只要以信任为本,多理解他人,便会求得知己,求得真正的朋友。

真正的朋友会采取恰当的方式接纳对方的缺点,或者会想办法帮助对方改掉缺点;真正的朋友不会斤斤计较,不会做伤害彼此情意的事情;真正的朋友懂得对方的志向与梦想,并帮助其达成志向、实现梦想;真正的朋友不仅共患难,还能同享乐;真正的朋友相处,即使有磕磕碰碰,也会相互理解、互相包容,即使有误会,也会坦诚相待,把误会澄清。

世上最美的事情莫过于拥有几个真正的朋友。人生路上,有多少笑声是由朋友唤起的,有多少眼泪是由朋友擦干的。交朋友不是感情投资,它不需要股息与分红;交朋友也不是做买卖,需要对方有所回报。只要彼此信任,相互理解,那便是朋友。

［品读经典故事］……

晏子赎奴

—— 典出《史记·管晏列传第二》 ——

齐国宰相晏子完成出使晋国的任务，路过赵国的中牟（今属河南境内）时，遇见一个头戴破毡帽、身穿破衣服的人。那个人从背上卸下一捆柴草，坐在路边休息。晏子见此人神态、举止都不像个粗人，便亲自下车去询问："你是什么人？为何会在这里担柴？"那人如实相告："我是齐国的越石父，三年前被卖到赵国的中牟，给人家当奴仆。"晏子又问："我能把你赎出来吗？"越石父说："可以。"于是晏子便用一匹好马作代价，将越石父赎出，又带着他一起回到家里。

到了家门口，晏子没有和越石父打招呼，便独自下车径直走进去了。对此，越石父非常生气，要求与晏子断绝关系。晏子听了十分吃惊，便询问原因。

越石父说："一个有真才实学而且有自尊的人受到不知自己的人的轻慢，是不必生气的。可他如果得不到理解自己的人的平等对待，便会愤怒。我给人家当奴仆，那些人当然不了解我。但你既然赎了我出来，应该是了解我的人了。但你既然了解我，却不能以礼相待，还不如让我当奴仆呢！"

晏子听了越石父的话，马上明白了自己的过错。从此，晏子将越石父奉为上宾，处处以礼相待。

[名师讲谈]······

"晏子赎奴"的故事流传甚广,《晏子春秋》、《吕氏春秋》、《史记·管晏列传》、《新序》均有记载。

越石父本是一个贤人,因家境贫困,一度卖身为奴。晏子用好马赎出了为人奴仆的越石父,以为自己对其有恩,于是就省去了许多交结礼仪,比如,晏子把越石父赎出后,带着他回自己家里,到了家门口,却不和越石父打招呼就进屋了。越石父从晏子无意间的怠慢中,感到晏子并不是特别尊重自己,就非常生气地提出要和晏子绝交。他认为,与其得不到尊重,还不如再去做奴仆。

有人觉得奇怪了,越石父当初为奴仆时,受着非人的待遇,现在晏子将他赎出来,他应该感谢才对呀!不错,萍水相逢的晏子使越石父获得了人身自由,越石父确实很感激晏子,所以将他引为知己。而且,越石父接受了晏子的帮助后,觉得自己和晏子的关系更深化了一步。他认为,既然晏子将自己赎了出来,就应该是了解自己的人,自己与晏子在人格上也应该是平等的,所以当然也应该得到应有的礼遇和尊重，问题就在于晏子无意识的怠慢，没有给予他想要的尊重，所以引起了他的不满。

但当晏子知道越石父的想法后，便马上改掉怠慢的态度，奉其为上宾，结果，他也赢得了越石父的爱戴。对于此事，许多典籍感叹说："俗人有功则德，德则骄。今晏子功免人于厄矣，而反屈下之，其去俗亦远矣，此全功之道也。"这里把居功自傲的人比做俗人，认为晏子礼遇越石父后，这件事情才做得圆满。

晏子与越石父结交的过程说明：为别人做了好事，不能自恃有功，傲慢无礼；受人恩惠的人也不应谦虚过度，丧失尊严。谁都会遇到需要别人帮助的难题，谁都有帮助别人的机会，关键是真诚相待，互相尊重。

[闲话人生]……

生意人　一个颇有名望的富商经过热闹的火车站时，看到一个摆设旧书摊的残疾人蜷缩着身体啃着发霉的面包。富商漫不经心地丢下了一百元钱，当做施舍。

但没走多远，富商又回来了，他从摊位上拿起两本书，满怀歉意地对那位残疾人说："不好意思，我忘了拿书，其实，你和我一样，是一个生意人。"

两年后，富商再次经过火车站。一个残疾人站在一家店面宽敞的书店门口，微笑着叫住了他。

"我一直期待你的出现，"那个残疾人说，"我最初以为我这一生只有摆摊乞讨的命运，直到你亲口对我说，我和你一样都是生意人，这才使我树立了自尊和自信。你看，我现在是一个真正的生意人了。"

[心灵捕手] ……

学会尊重

不难想象，没有富商那一句表达尊重的话语，这位富商当初即使给残疾人再多的钱，残疾人也不会出现人生的巨变。

尊重是人与人正常交往的基础，是为人处世应具备的基本素质之一。尊重不分长幼，不分贵贱，人人都应尊重别人，人人都享有被人尊重的权利。越石父情愿回去当奴仆也不愿晏子不尊重他，乞丐宁死也不食嗟来之食，这些不正说明尊重对一个人有多么重要吗？还有一个老乞丐，他向一个中年人乞讨，中年人因没钱给他而内疚，他紧紧握住老乞丐的手说："兄弟，我身上实在没有钱，对不起。"老乞丐顿时泪流满面，因为他从那双紧握的双手和亲切的称呼中感受到了从未有过的尊重与理解。

尊重是一抹真诚的微笑，尊重是一次不经意的问候……尊重是一种修养，一种品格。不过，我们要想得到别人的尊重，必须先要懂得尊重别人。所以，当我们看完演出时，多给一点掌声；当我们付出租车车费时，多报以一个微笑；当别人发表不同意见时，我们要认真倾听；当别人为我们让路时，多说一声谢谢……

[品读经典故事] ……

商鞅之死

—— 典出《史记·商君列传第八》 ——

商鞅是战国时期秦国著名的政治家、改革家。秦孝公时，商鞅听说秦国颁布了招贤令，便从家乡卫国来到秦国，得到了秦孝公的赏识。秦孝公任命商鞅为左庶长，负责制定国家法令，主持变法。在秦孝公的支持下，商鞅开始实行变法，废除了世袭特权，规定按军功授予爵位，贵族没有军功就没有爵位，也不能享受特权。贵族失去了特权，对商鞅十分不满。商鞅变法取得了巨大的成功，经过变法，秦国强盛起来，威震其他国家。但是，商鞅个人却因变法陷入了危机之中。在变法过程中，太子的老师公子虔触犯了法律，商鞅为了使新法顺利实施，依法严厉地做了处置。太子曾为老师说情，但无济于事，他因此对商鞅恨之入骨。孝公驾崩后，太子嗣位，史称秦惠文王。公子虔和一些反对商鞅变法的人便纷纷造谣，说商鞅要造反。秦惠文王本来就恨商鞅，听到这些话，马上派人捉拿商鞅。商鞅得知消息，便匆忙逃走，来到秦国的边境。晚上，商鞅投宿住店，不料店主说："根据商君颁布的法令，不能留宿没有通行证的人，否则，我们也算犯罪！"商鞅听了，长叹说："唉！我制定的法律竟然产生这样的后果！"无法住宿，商鞅只好连夜逃往他国。最后，他来到了魏国。魏国人认为他是秦国的犯人，要是不把他送回秦国，秦国就会找魏国的麻烦。于是他们将商鞅送回了秦国。商鞅回到秦国以后，逃到了商邑，和他的部属举兵造反。结果，秦惠文王很快就打败了他的军队。商鞅被处以车裂的酷刑，并落得满门抄斩的下场。

[**名师讲谈**]……

春秋战国时期是奴隶制崩溃、封建制确立的大变革时期。为了促进经济的发展，实现国家的富强，各国纷纷掀起变法的热潮，如魏国的李悝变法、楚国的吴起变法等，商鞅也正是在这种背景下在秦国推行了他的变法。商鞅变法取得了巨大的成功，秦国由此强盛起来，并最终统一了天下。但是，商鞅没有看到这一切，他在秦孝公死后立刻被实施了最残酷的五马分尸之刑。

可以说，商鞅之死是一个改革者在支持改革的帝王死后被保守者秋后算账的典型例子。商鞅之所以落得这样的下场，很大程度上是因为他做事太绝、不留余地。比如，商鞅主张的变法内容里有一条"连坐法"，其中规定：一家有罪，九家必须连举告发，若不告发，则十家同罪连坐……旅店不能收留没有官府凭证者住宿，否则店主也要连坐。法令公布后，有数以千计的百姓跑到国都，埋怨新法带来的不便。而恰好此时太子的老师公子虔犯法，商鞅认为法令不通，是因为朝廷里的人不带头遵守，于是对公子虔处以劓刑，即割掉他的鼻子，从此无

人再敢违法行事。对于那些开始毁谤新法，后又赞誉新法的人，商鞅以"乱化之民"尽数迁之边城，令无人再敢议论新法。就在商鞅因变法立下大功时，他身边一个名叫赵良的谋士曾说，不要看他现在在秦国呼风唤雨，事实上他已经陷入一个最危险的境地。因为他的改革，不仅触犯了广大贵族的利益，而且触犯了秦国普通老百姓的利益。

古人云："得人者兴，失人者崩。恃德者昌，恃力者亡。"这是古人给我们留下的最为深刻也最为简单的道理。所以我们说，凡事都要讲一个"度"，正所谓"过犹不及"。改革者除了需要有与旧势力为敌的勇气，更需要有与现实妥协的眼光。严苛执行既定法规，固然值得敬佩，但并不能赢得人们的支持。必要的时候也需要和人们进行一定的妥协，团结一切可以团结的人，这是实行改革目标的必然之路。商鞅不给别人留一点余地，其实也就是不给自己留余地，最后落得身首异处的可悲下场。

[闲话人生]……

火海逃生　一天，5个小伙伴一起做游戏。他们将5个系着棉线的乒乓球放进一个瓶子里，瓶子代表一幢大楼，细细的瓶颈是唯一的出口，5个乒乓球则是大楼里的居民。游戏规则是：当报警器响起时（表示大楼突然起火），全体居民都要在1分钟的时间里安全逃离。5个小伙伴手里各拿一根棉线。很快，报警器响了，他们都以最快的速度拉扯棉线，可1分钟内一个居民也没能逃离大楼。原来，5个乒乓球全都卡在了瓶口。小伙伴互相看了看，然后商量了一下，又开始了第二次游戏。这次，大家没有各顾各地拉扯棉线，而是从左到右依次地拉。果然，报警器的声音还没有停止，5个居民就已经全部离开了大楼，转移到了安全地带。

[心灵捕手]······

待人处世且留余地

当游戏中的5个"居民"各顾各地逃离大楼时，他们瞬间被卡在了狭窄的出口处；而当"居民"们谦让有序地离开大楼时，他们最后全部安全脱身。其实，第二次"居民"能够安全逃脱并没有太多的技巧，他们只是懂得"给别人留余地就是给自己留余地"罢了。"火海逃生"虽然只是一个小小的游戏，可给我们的启示却很深刻，即"凡事要留余地，经路窄处，留一步与人行"。

我们回过头去看看商鞅，商鞅在秦孝公的支持下严苛地推行新法，让每个人的日子都不好过，得罪了贵族，得罪了老百姓。秦孝公一死，他便落得可悲的下场。所以说，我们为人处世时不要把事情做得太绝，要留下一些可回旋的余地，那样，对人对己都好。就像行车驾船一样，不能一下子走到山穷水尽的地方，不然就很难调头了。

鉴于此，在日常生活中，我们为人不要太苛刻，不要与别人太过于计较，那样只会让别人更加讨厌你，到头来你会更难做人；拒绝别人时，语气要委婉一些，让人更乐于接受；批评别人时，要给人留下台阶，顾及一下别人的面子；承诺别人事情，要根据自己的能力来做决定。总之，凡事多留余地。

优孟哭马

—— 典出《史记·滑稽列传第六十六》 ——

优孟本是楚国的乐工，身高八尺，能言善辩，常以说笑的方式劝谏楚王。楚庄王在位时，十分爱马。他让自己心爱的马住在豪华的房子里，身上披着美丽的锦缎，晚上睡在没有帷帐的床上，吃的是富有营养的枣肉。最后，这匹马由于养尊处优，以致长得太肥而死去了。楚庄王伤心极了，打算用埋葬大夫的礼仪来埋葬它。大臣们都劝阻庄王，认为不应该这样做。楚庄王下令说："谁要是敢以葬马之事进谏，将处以死罪。"优孟听说这件事后，来到宫里，见到楚庄王便大哭起来。楚庄王吃惊地问他："你为什么哭得这么伤心呀？"优孟回答说："大王心爱的马死了，实在让人伤心，要知道，那可是大王所钟爱的马呀，怎么能只用大夫的礼仪来办理马的丧事呢？应该用国君的礼仪才对啊。"楚庄王问道："那你认为应怎样安排呢？"优孟回答说："应该用雕花的美玉做马的棺材，用纹理漂亮的梓木做外椁，再调动军队和全城百姓为其筑造华丽的坟墓……然后，还要追封死去的马为万户侯，为它建造祠庙。这样，天下人就都知道大王是重马轻人了。"楚庄王说道："我的错误竟然到了这种地步吗！该怎么办呢？"优孟说："我建议，用土灶做外椁，用铜锅做棺材，用姜枣、香料、稻米做祭品，用火光做衣服，然后把它埋葬在人的肚肠里。"楚庄王顿时翻然醒悟，将马交给掌管膳食的官员，并吩咐说不要让天下人知道贵马贱人这件事。

[名师讲谈]······

在中国古代历史上，存在着许多脍炙人口的劝谏奇闻，"优孟哭马"便是其中很经典的故事。

楚庄王要用大夫的礼仪来厚葬爱马，朝廷所有的官员几乎都觉得不妥，怎么可以把用在大夫身上的礼仪用在畜生身上呢？这分明是贵马贱人嘛！天下人会怎么看你这个君王呢？朝廷官员纷纷劝阻，楚庄王根本听不进去。对于十分爱马的楚庄王来说，他这会儿早已让个人的喜好冲昏了头脑，怎么会想到这些！这时，优孟出场了。他没有劝谏庄王不要这么做，也没有说庄王这么做不妥。相反，他顺着楚庄王的心意一边大哭死去的马，一边说了这样一番话："马者，王之所爱也，以楚国堂堂之大，何求不得，而以大夫礼葬之，薄，请以人君礼葬之。"优孟这样说，打消了楚庄王的抵触情绪和排斥心理，很快获得了信任。庄王忙问怎样用君王的礼仪来埋葬它，优孟说要用美玉做棺材，调动大批军队、百姓为它修坟墓……让全天下人都知道原来大王是贵马贱人……至此，楚庄王终于明白，优孟哪里是哭马，分明是劝自己不要厚葬爱马！优孟向楚庄王进谏时，至少有两个技巧值得我们学习。第一，优孟跟其他大臣不一样，他不是单刀直入进入劝谏的话题，而是以退为进，顺着楚庄王的意思"哭马"，以此打消楚庄王的戒备心理；第二，优孟的高明之处就是警醒楚庄王如此对待一匹马会导致怎样的后果，引起楚庄王的反思，然后让他自己做出正确的选择。这样，优孟既达到了劝谏的目的，又不损害楚庄王的威信，还给他留足了面子，是不是很妙呢？

以退为进、引导选择，是一种有效的说服策略。历史上，很多善于劝谏的大臣都曾采用这种方法，而且大多屡屡奏效。后唐庄宗喜欢打猎，一次打猎时，庄宗的马队踏坏了良田。这个县的县令为民请命，挡驾劝谏庄宗不要在良田里打猎。庄宗非常生气，命左右捆绑县令，准备砍头。他身边的随从敬新磨立即站出来，斥责县令道："你身为县令，难道不知道皇上喜欢打猎吗？为什么还要让老百姓种庄稼、交纳赋税呢？为什么不空出这些土地，让皇上纵横驰骋呢？真是该死！"说完，他又请皇上立即把县令处死。结果庄宗大笑几声，把县令放了。

我们与人交往时，如能领悟优孟和敬新磨的说话艺术，以退为进、委婉地指出别人的错误，那样办起事来就容易多了。

[闲话人生]……

漂亮女秘书　美国第三十届总统柯立芝刚上任时，聘了一个女秘书协助他的工作。这个女秘书既年轻又漂亮，但是她的工作却屡屡出问题，不是字打错了，就是时间记错了，这些给柯立芝的工作带来很多的麻烦。有一天，女秘书一进办公室，柯立芝就夸奖她的衣服很好看，盛赞她的美丽。女秘书受宠若惊，要知道总统平时是很少这样夸奖人的。柯立芝接着说："相信你的工作也可以像你的人一样，都办得很漂亮。"果然，女秘书从那天起就再没有犯过什么错误。

[心灵捕手]……

委婉地指出别人的错误

柯立芝总统对女秘书采用的方法，其实和优孟劝谏庄王的方法有异曲同工之妙。他们都是用委婉的方式指出对方的错误，达到帮对方改正错误的目的。在日常生活中，我们时常发现身边一些人犯有某种错误，直接指出来可能会伤和气，不指出来又会造成一些损失。这时候，我们该怎么办呢？最好的办法就是引导对方自己认识错误。一方面，我们不能放弃原则，容忍对方的错误；另一方面，我们又不能将关系弄僵，伤害彼此的面子与和气。所以，我们可以以退为进，顺着他们的心意，最后得出荒谬的结论，让他们意识到自己的错误；或者从他们的优点入手，先褒奖一番，然后再用鼓励的方式点出他们的错误之处。这种委婉的方式比直来直去、当面否定他们要温和得多，因而也就不会引起他们的强烈反感，最后达到的效果也会更好。

图书在版编目（CIP）数据

《史记》中的大智慧／龚勋主编．—汕头：汕头
大学出版社，2012.1（2021.6重印）
ISBN 978-7-5658-0418-2

Ⅰ．①史… Ⅱ．①龚… Ⅲ．①中国历史：古代史－纪
传体－少儿读物 Ⅳ．①K204.2-49

中国版本图书馆CIP数据核字（2012）第003249号

《史记》中的大智慧

SHIJI ZHONG DE DA ZHIHUI

总 策 划	邢　涛	印　　刷	唐山楠萍印务有限公司	
主　　编	龚勋	开　　本	705mm×960mm　1/16	
责任编辑	胡开祥	印　　张	10	
责任技编	黄东生	字　　数	150千字	
出版发行	汕头大学出版社	版　　次	2012年1月第1版	
	广东省汕头市大学路243号	印　　次	2021年6月第7次印刷	
	汕头大学校园内	定　　价	34.00元	
邮政编码	515063	书　　号	ISBN 978-7-5658-0418-2	
电　　话	0754-82904613			